U0044568

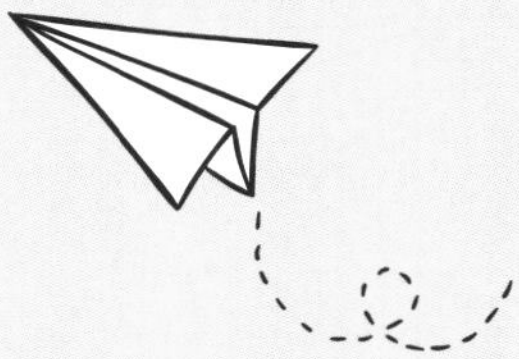

共學共好

夏嘉璐的親師協力教養主張

找回屬於自己的童年小時光

曾經，我很抗拒成為一個老師。沒想到後來我成為一個校長，一個在實驗教育體系裡辦學的校長。因著這樣的緣分認識了嘉璐和她的孩子，以及「學團」裡的老師。並且驚訝的發現，她竟是一手推生這個「共學團」的「團主」！在實驗教育浸淫多年，「共學團」之於我並不是什麼新的概念。早年在實驗學校裡，親師端常以「同村共養」（It takes a village to raise a child）概念將我們手邊的孩子帶大。但是看到這些年雨後春筍般冒出的共學團，更是看到家長對於傳統教養觀念的轉變。

嘉璐這本書無疑是一本組建「共學團」的「Guide Book」。透過她自己親身走過的歷程，真誠無保留的向您述說一個媽媽對於孩子教育的甘苦談。透過與于瑄老師的「真情對話」，step by step 地帶著讀者，一步一步地建立自己心目中的「共學團」。（這真像建一個實驗學校）一路讀來，可以看見年輕的于瑄老師，如何帶著孩子「共玩」、「共學」、「共好」。我彷彿也跟著文字神遊孩子的「寶藏巖攻略」、「阿塱壹走讀」。看著于瑄老師雲淡風輕述說學團裡孩子的衝突糾紛，如何排憂解患。看見她陪著孩子成長為孩子自己的樣貌，在時光流瀉的童年時光，閃耀著繽紛的色彩。這一切都源自於嘉璐的起心動念，想為孩子保留下最美麗的童年。我相信這一定可以給正在看此書的您一個動力，來吧~一起為孩子找回屬於他們自己的童年小時光。

小實光實驗教育校長——李光莒

別叫海豚去唸老鷹學校

海豚跟老鷹，各是海洋與空中的佼佼者，但若讓一隻海豚去唸了老鷹學校，他一定會唸得灰心喪志、自卑滿溢，因為他就是不會飛。想一想，我們身邊有多少的人，曾經因為被放錯了位置、接受了錯誤的期待眼光，而導致他們總是「不及格」，看似是他們無法展翅翱翔，實則是旁人欠了他們一片水域。反之亦然。

這本《共學，共好：夏嘉璐的親師協力教養主張》，正是還給海豚一片水域、還給老鷹一片天空的好書！我所認識的夏嘉璐，親切、和善，但卻又觀點獨到，這本書的筆觸完全反映了我所認識的她，她在這本書中所談的理念有幾個讓我非常感同身受，包括人生不該「只為追逐分數而努力」、「乖，不該是家長對孩子最重要的期待，眼界才是」，這些都是傳統科學文化中所缺乏的視野。當然，要堅持這些美好的視野並不容易，是以需要志同道合的夥伴們一起走。

這本書的內容看似是講到許多「共學」的經驗與方法，但其實目的是要「共好」，是要大家一起變好，一起活出自己獨特的美好。而這種大家都一起變好的胸襟，在傳統孜孜計較於分數與排名競爭的教育觀中，很難見到，也著實珍貴。祝福看到這本書的所有讀者們，願我們的下一代都一起變好。

知名作家、輔大醫學院職能治療學系系主任——施以諾

圓一個孩子不上安親班的夢

在教授「論說文」寫作課程時，我曾給學生出過一個題目：「小學生該不該上安親班？」結果孩子們是一口同聲的反對；還有一次我在粉絲團徵求「不寫評量卷、測驗卷」的安親班，也引起了無數家長的共鳴、讀者來信詢問。我想，下課後能讓孩子自由閱讀、接觸大自然、不用寫重複的評量卷……是很多家長和孩子的共同夢想。因此這些年來，有很多家長積極籌組課後的「共學團」，也有像「雅德賽思」這樣的平台，努力媒合家長和帶團老師，希望能為孩子圓一個「不上安親班」的學習夢。

像嘉璐和于瑄老師這樣能「以孩子為主體」設計規劃，徹底放下成績包袱、一路行來有始有終的共學團，真的如鳳毛麟角、十分不容易！她們以無比的寬容、耐心的溝通與付出，最終能體會「共學共好」的結果，不但令人佩服，也點出了共學要成功的最大關鍵就是放下一己擔憂，成就孩子的自我。

本書非常詳實地由親師兩方共同記錄，將組課後共學的步驟、技巧、注意事項，還有一路走來的風風雨雨、溝通與磨合，十分坦誠地跟所有讀者分享，讓有興趣籌組課後共學的家長，能夠按圖索驥、減少執行上的困難，是一份非常珍貴的參考。看著嘉璐和共學團的孩子在養分中成長的點滴，無論是山上尋寶闖關、歷史桌遊、外宿學習……都讓我十分感動：好幸運的孩子呀！真心希望所有的孩子，都能擺脫課後重複抄寫、責打怒吼的學習困境，擁有愉快的課後生活。

親職書籍作者、作文班老師——陳安儀

給予父母新的教育觀點與啟發

每個人，都一定有幫自己買衣服的經驗。一開始我們毫無主見，掛在商店架上的衣服，只要看起來不是很突兀，就買來穿了。但隨著一次又一次，我們照著鏡子，在探索中找到自己喜歡的樣式與風格，最終並建立自己的品味與特色。

等到我們成家，有了孩子，看著他們進了學校，每天日復一日，上學，安親班，回家看3C，睡覺。奇怪的是，似乎被這個社會所制約，我們不再像挑選衣服，會嘗試著探索自己與孩子的「品味與特色」，反而大部分時候，只希望孩子跟其他人都一樣，下課去安親班，把功課寫完，然後考試不要搞砸。

在嘉璐這本《共學，共好：夏嘉璐的親師協力教養主張》書中，我們看到了她在育兒中的反思歷程。回憶她自己的童年，在罐頭式教育體系下長大的諸多無奈，如今當了媽，仍眼睜睜看著自己的女兒，下課後只有安親班可以去。在這本書中，她分享了經過各種嘗試之後，她找到了適合自己女兒特色的「安親共學團」。

更重要的是，我相信嘉璐並不是要藉由這本書，企圖呈現安親共學團的制式範本。事實上，每個孩子的個性都不一樣，家長必須要費盡心思，才能了解自己孩子的興趣，並且招聚志同道合的家長與孩子，組成自有風格的共學團，才能讓孩子有歸屬感。對於家有小學階段孩子的父母，這本書或許可以帶給你替孩子組共學團新的啟發。

馬偕兒童醫院主治醫師——黃瑽寧

持續學習，永保年輕

「人只要停止學習便老了。不管二十或八十歲，只要持續學習，就能永保年輕。」——亨利．福特（Henry Ford）

閱讀這本書的時候，腦中頻頻浮現美國汽車大王亨利．福特說過的這句話。這本書的內容雖然是知名主播夏嘉璐小姐，和課後共學團老師于瑄之間非常理性客觀的對話，剖析她們對小孩課後共學團的理念、課程設計與操作方式，還有她們對教育的觀點和想法。然而我在閱讀過程中，彷彿只看見了一群孩子，一群滿懷熱情、充滿好奇，而且積極主動求知學習的小孩子和大孩子。

他們盡情奔馳山野海濱，穿梭市街巷弄，去尋找、發現和探詢各種新奇有趣的事物，看見問題，尋求解答；他們絞盡腦汁，發揮創意設計各種方案，互相挑戰，從中爬梳知識，整理思緒，運用推理和思考，以堅持和毅力去達成目標；他們甚至認真地做著一些「蠢事」，在嘻嘻哈哈的遊戲中，學習各種生活與生存技能。儘管過程中會抱怨、碰撞和衝突，但他們也會把握契機去反省，學會和好、包容和尊重。透過這樣的學習歷程，大孩子滿足了童年的欠缺重新長大一次，小孩也琢磨鍛鍊出各種素養和能力，逐漸發展為獨立自主且具有思考力的個體。

這是一本談學習的書。談孩子如何在課後學習，老師如何學習帶領共學團，也談家長如何和小孩與老師在這當中一起「共學」，然後一起「共好」。這樣的學習不僅填補了制式教育無法完成的拼圖，也創造了親子間難以忘懷的美好回憶。

童書作家、兒童節目主持人——劉清彥

營造可貴的學習路徑

一口氣讀完本書，心中浮現「好幸福」三個字；對共學的孩子，也是對選擇共學的爸媽。要為這小群不怕起步麻煩、不畏過程挫敗的爸媽喝采！面對諸多不確定的變數與挑戰，依然勇敢踏出，只因單純想要給孩子一個不一樣的下課時光，只因看重「積極慢活」的學習價值及教養，為孩子開啟了放學後得以跳脫「緊湊與制式」學習步調的一扇窗。

這個共學團在親師互信的協力下，非十全十美、也非一帆風順，但為孩子營造了可貴的3H學習路徑（動腦Head、動心Heart、動手Hand），過程中大人的苦水與汗水都值得了，因為幾年下來誠然幫助學習的主人，一點一滴培育了帶著走的人生真正重要軟實力，諸如自主思考、觀察判斷、策劃合作、問題解決、口語表達、人際關係、情緒覺察與管理等，這些能力都在真槍實彈的平實、平時生活體悟中，接受一次又一次的洗禮與模塑。

孩子的童年只有一次，一轉眼他們就長大了。什麼叫做「好」？什麼是「成就」？什麼是「相對重要」？什麼是「絕對重要」？父母面對教養諸多觀點的定義與態度，深深影響孩子後續的發展。在教養專業上三十多年，深感這看似簡單但重要的問題在在考驗愛孩子的爸媽，能否從孩子長遠的需要去做禁得起時間考驗的抉擇與投資。

「唉，孩子下課後除了安親班，還有什麼另類的選擇嗎？」孩子在國小中低年級的爸媽，但如果這曾是浮現在你腦海中的困惑，絕對不要錯過這本輕鬆易讀、作者實戰經驗下對於共學團的Why、What和How的精采分享！

親子教養學者——劉慈惠

寫在前面

曾經我很抗拒當媽媽，現在我發現，當媽媽很好！隨著孩子成長不同階段，得要應付面對不同挑戰，兵來將擋水來土淹，當媽逾十年，從勞力到勞心，覺得自己愈來愈堅強（昂首握拳狀），某種程度也是一種自我成就達成！而說到孩子進入學齡後的這幾年，最讓我想要給自己拍拍手的「成就」，這個安親共學團絕對排名很前面，每次和其他家長聊天時，話題都不知不覺就導向「我們學團如何如何」，常常，我看到對方滿臉問號，對於安親共學是甚麼，顯然從未聽說，總讓我想起當年自己第一次聽到「安親共學團」的概念時，那種BINGO的興奮心情！

一直覺得很可惜，這幾年我們自己經歷了共學團帶給孩子們的各樣好處，但是大多數家長對於安親共學團卻相當陌生，也有很多家長聽了我的分享後就直喊太麻煩，直接放棄！隨著我們學團漸入佳境，身邊雖然開始有朋友受到激勵，為孩子在自家學區找人組團，但是一路走來卻顛簸辛苦，勉強撐一年就黯然解散；不久前也和另外一位家長閒聊間談起彼此的學團經驗，才知道當初他們的安親共學團也才兩個家庭（一家各兩個孩子）就出現理念不合的問題，只運作了一學期就拆夥。

當然我們自己經營學團也並不容易，但隨著時間累積，親師生也培養出專屬於我們學團的默契。在學團進入到後期準備收尾階段時，我就開始思考，安親共學團這麼好的教育概念，為什麼我們團能走這麼長的一段路，但很多團卻紛擾不止落得逃難般的結束？操作的過程中是因為我們做了、或沒做些甚麼，以至於最後出現不同結果？於是開啟了或許可以把這幾年的經歷整理出版的想法，希望把這本書能分享給像我一樣，不想把孩子送進安親班，又不知該怎麼安排他們課後生活的家長們有個參考，想告訴大家「除了安親班，我們還是有其他的選擇」。

雖然並非市場主流，但其實這幾年安親共學團已經愈來愈多，也有專門幫忙媒合學伴、訓練老師的機構，但是一個學團能順暢運作，關鍵還是在於學團內部的親師合作，基於同樣的概念，這本書我也邀請我們學團的老師，瑄老，一起合力完成。在有了把學團經歷出版的念頭後，我找了瑄老以親師對話的模式一起參與，並且在本書的最後章節也邀請其他家長與帶過團的教師分享回饋，希望提供讀者更多元的角度，來了解共學團是甚麼，能為孩子帶來怎樣的改變，更為關鍵的，是因為對我來說，共學團就是一個以孩子為核心，親師間必須不斷對話、齊心協力的團體，所以我們能夠一起共學，也共好，對於我們這一團的大人小孩，這都是滿有學習的一段路程！

起點

為什麼是共學？我想要回答這個問題就要知道過去因為工業社會需求，需要培養優秀精熟的工程師，教育走向了填鴨和灌輸，才能在短時間內累積龐大知識量，留下來的後遺症是人跟自然、生活情境脫節，而這些問題及影響在近年也浮出水面，引發各界對於教育改革的重視，直到去年新課綱終於上路，無疑也間接證明了課後共學的價值——在「生活裡」養出小孩自主學習的能力。

假若我們不刻意安排活動探索，帶一個小學一年級的小孩到戶外健走，他自然就會表現出懼怕的樣子，並非是擔心走不完步道，真的令他裹足不前的是電視新聞上曾播放過毒蛇或山區土石流奪命的畫面，都還沒真的看到、聽到就被想像綁架，於是眼前的路就愈來愈窄、人也愈來愈脆化，基於這樣的看見所推的行動，相信都不會離共學的概念太遠。

在這個人人都能當老師的年代，有各種不同性質的共學團體，看得人眼花撩亂，其共同的特點是一起玩、一起學，但如果我們用心去看，就能看出差別是以孩子為學習主體，還是把孩子當客人，大人（父母、老師）才是主體，前者開展出來的內容就像一個有機體，會不斷靈活變動，不變的是本質裡有文化、知識及經驗的傳承，在裡頭我們看見前人在困境裡的人性光輝，進而去反思自身的獨特性，我要用什麼方式回應社會，以至於能夠開創未來。

回到自身，我不是一個教育權威專家，究竟可以給人帶來甚麼不同的視野與生命經驗，又剛好能夠切合共學路上的需要，那就是我自由地成為我自己，而這個自由的特質和我成長背景有絕對密切的關係，十五歲以前的我被家人嚴格軍事化管理，學會打理自己的生活；十五歲以後的我就完全被家人野放，不在升學主義的脈絡下，讓我真的可以按興趣學習，自由的自己，也是我在帶共學努力想傳遞給孩子的教育方式，以此作為書寫的出發點，不敢說能寫得很完善，但我盡力表達。

目錄 Contents

Chapter02

共學路上的好夥伴

Chapter03

創意無限延伸的教案

Chapter04

共學團結束以後

Chapter 01

成立共學團之前

許多孩子為了追逐成績，小小年紀就背負許多壓力，連課後也不鬆懈，
但能有一起長大的同伴、自在地摸索自己……更是孩子們重要的成長體驗，
所幸這些條件都能在共學團裡找到。

嘉璐媽媽這麼說

希望孩子的童年是甚麼顏色？

童年時光裡有一起長大的同伴

關於教養，你是甚麼樣的父母？你會怎麼安排孩子的生活與學習？孩子幾歲要開始學英文？還有琴棋書畫琳瑯滿目的各樣才藝要不要學？學甚麼？學幾種？你會希望孩子過著怎樣的童年？在孩子的成長歷程上你想引他走一段怎樣的路？你希望孩子長大後，回想起他的童年，會是甚麼顏色？

背負父母期待的下一代

記得在學生時代，每次入學填寫基本資料，都會有個「父母教養類型」欄目，制式區分為權威、民主、放任型，而現在網路上常常看到各種教養文章的分享，也很喜歡將父母分類，鷹爸、虎媽、直升機父母……還有各式線上即時測試幫忙分析。看著看著，我也難免自問，自己又是哪一種媽媽呢？

經歷了這幾年，我深切體會到我們之所以成為今日這樣的父母，會為孩子做出這些、那些的安排，確實是直接連結於我們的成長經驗。像是有一類型的父母，基於經驗法則認為：「我是怎麼長大的，我的孩子應該也要這樣安排。」好比我們這一代都經歷過考試升學的壓力，可能就會把「培養孩子競爭力」，能補就補、能塞就塞」視為理所當然；也或者，有些父母因為小時候的「想要」沒有被滿足，不自覺地透過孩子的成長過程來彌補。例如，小時候喜歡音樂想學琴，但家裡經濟條件不允許，等到自己成為父母，無論如何就是要送孩子去 YAMAHA、朱宗慶。至於我之所以這麼認真、排除萬難地幫孩子組共學團，我想，是屬於後者。在運作學團的過程中我慢慢意會到，原來就是因為自己童年不滿足，才想要讓孩子「幫我再長大一次」。

希望孩子有比我更豐富的童年

在我那個年代，小學生放學後是沒有安親班可以去的，「鑰匙兒童」是雙薪家庭的孩子的共同回憶。我是家裡的老大，雖然有手足，但弟弟和我相差五歲、妹妹更是小我十五歲，年齡差距大很難玩在一塊兒，所以，童年的印象就常常是自己一個人。記得剛上國小，媽媽還不放心讓我一個人在家，就把我託給原來的幼稚園，讓我放學後有個地方可以去。我很乖，坐娃娃車被接到幼稚園後，園長讓我待在空教室，讓我自己寫作業，自己摸、自己玩，等到天黑小朋友們都回家了，媽媽才終於結束一天辛苦的工作來接我。

等我再大一些，也不過還是小學低年級的年紀，放學後就自己回家，自己拿了鑰匙開門，自己在家裡窩著，需要上才藝課時，就自己出門搭公車，做甚麼事都只有「自己」。如果忘記帶鑰匙，我就得坐在公寓樓梯間，盼著隔壁鄰居能早點出現，可以讓我攀爬過兩家相交的後陽台，回到三樓住家。想來這都是超過三十年的記憶了，但一直到現在，我都還清楚記得，那個從學校放學後，沒有人可以陪她說說話、一起玩的小女孩，在好安靜的家裡，寫完了作業就坐在客廳落地窗邊木質地板上，抬頭望天發呆，等著媽媽下班回家。

我不想要我的孩子也成了那個孤單的小女孩，我希望他們的童年，有一起長大的同伴。在共學團，他們會有同伴，一個老師帶著四個孩子，人數不多，所以孩子們必須密切相處，他們雖然會吵架（而且很會吵），但也學著怎麼相處、怎麼和好。學團在五年多的時間裡有人離開、有人加入，從最初四個孩子，到執筆的今日已經有八個孩子，每次收到老師傳來孩子們的活動照片，我看著他們一起討論功課、一起上圖書館、一起爬山、一起看展……不管做甚麼，都有夥伴在一起，或打鬧、或嬉笑，都留下了屬於他們童年紀錄的軌跡，我想，這些孩子長大後，回想起他的童年，會是彩色的。

1/2 1. 希望孩子的童年有一起長大的玩伴
2. 你希望孩子長大後，回想起他的童年，會是甚麼顏色

于瑄老師那樣說

童年的缺口也是入口

讓孩子順著心走自己的路

小時候因為爸媽工作忙碌，把我跟弟弟交給別人照顧，我們住過親戚家、幼稚園，最後是阿嬤把我們給帶大的。

逐漸養成自我判斷的能力

住在幼稚園是很奇特的經驗，時間變得無限漫長，從同伴離開那一刻，像是風箏線斷了的失落，為了不讓這個情緒太久，影響到生活作息，我會給自己找事做，最常做的事便是看故事書，從幼兒繪本到宗教類書籍都有，以至於畢業時就比同齡多認得幾個字；有時候也會塗鴉，對著白紙自言自語，讓想像力伴我度過無數黑夜。到現在我還記得，每晚躺在教室木地板上遙望著星星，還好星星不曾止息過，讓人得以訴諸想念。

在幼稚園的生活規律，每天幾點起床、幾點吃飯、幾點入睡，好像在體內設定好了，沒甚麼讓大人擔心過的，自此之後，便進入了一個無邊的世界，我開始想甚麼是我真正想做的、不想做的？我該把自己放在哪裡？

週末時，園長一家人會開車帶我和弟弟回他們鄉下老家，那是一棟兩層透天厝，老厝外貼著暖橘色磁磚，前庭有一片可自由奔跑、騎車的空地，安靜下來就會聽到水圳的水聲，我們會去抓魚、抓蝦，玩到天黑還捨不得離開。

沒人管的成長過程，養成了我相信自己觀察而來的人事物，別人說的好與不好，都被我當作額外補充的營養品，暫時放一邊，直到我能分類自己的好與壞，穿透標準後找到一個彼此共生的方式，才會回頭思考營養補給品的必要。當自體能運轉，營養品也沒必要了，回頭檢視讓我能更理解人的難為和複雜，因為身分帶來的限制，看不見的盲點，每每提醒我用更寬容的觀點去支持別人。

當然，我的父母也不是就從我生命中消失了，他們會在我對世界感到絕望時神奇地出現，給我力量；在我嘗試要連結世界時，給我工具（金錢）支持。

因為我的成長過程很自由，所以當我成為一位老師的時候，特別會去維護小孩的自主性，小心翼翼地觀察他們，再維護他們的原始面貌，避免讓外力去干預孩子的主體性。

能接觸大自然的安親班

進入國小後，自由時間明顯變少了，還被切得很細碎，下課十分鐘成了唯一小確幸。我和朋友最常玩的是辦喪禮遊戲，我們真的會在校園一角挖土、埋葬螞蟻、立墓碑，現在想想，螞蟻也只是代替部分的我被埋葬了。

待在學校裡要服從不少規矩，我本性很不喜歡但又無力抵抗，也沒有足夠的字詞量反駁老師，所以每天最歡喜的時刻便是放學。當生活變成刻板公式，我會自己找出路，就連短短五分鐘回家的距離，我硬是能開發出三條路線，每天隨心所欲地走。尤其其中一條是要走進死巷躍牆而過，附近的看門狗不定時吠叫，偶爾還會追上來，而身體的本能總是可以幫助我，跳過一座比我還高很多的磚牆，這種挑戰對當時的我來說真是好玩。

後來不知道為甚麼，我也跟著進了安親

2｜1
1. 讓孩子可以順著心，走自己的路
2. 當生命足以影響另一個生命，彩虹自然出現

班，安親班老師的小孩是唸「森林小學」，那時候的我還不知道森林小學是甚麼，只能單純從字面上意思猜測出，可能是一間在森林裡上課的學校，跟我們的學校不一樣。但是當我們寫完功課以後，安親班老師居然還帶我們去焢窯、拔番麥（閩南語，玉米之意）；偶爾遇上突然的大雨模糊了田埂界線，這時我們便會雙腳踩在爛泥巴裡，與大自然融為一體，不時竄出的蚯蚓，也都讓我印象深刻。

如果說顏色是光的反射作用，那麼顏色本身無色。回想起自己童年正是處於無色狀態，沒有人期待我身上應該有甚麼顏色，於是，我可以順著心、走出自己的路。當生命足以影響另一個生命，彩虹自然出現。

嘉璐媽媽這麼說

為甚麼不選擇安親班？

不忍孩子窒息地長大

真難想像妳小時候居然還曾經住在幼稚園！小時候我也曾經住過幼稚園，不過那只是園方每年都會幫畢業生安排的夜宿活動，只有一晚，那也是我記憶中人生第一次沒有父母的陪伴，自己在外過夜。

我們的童年經驗真是迥然不同啊！連妳的安親班都讓我大開眼界。不知道這樣讓孩子浸淫在自然環境中的安親班，現在的台北或其他都會區能找得到嗎？

因為現在絕大多數的雙薪家庭面臨孩子上小學，最大的苦惱就是課後該怎麼安排。我曾經看過一項調查，全台超過七成的小學生，課後都直送安親補習班。

安親班之所以是忙碌的父母們理所當然的選擇，其實很能夠理解。孩子放學後，安親班老師集體接回，進班後安排孩子吃午餐，盯著他們寫功課，寫完還有老師幫忙檢查除錯，再提供評量加強學習成效，考前複習、考後檢討，家長只要負責在考卷、聯絡簿上簽名就好。除了孩子的學校課業有人幫忙督促，幾乎所有的安親班都提供加價就有英文課的服務，其他諸如珠心算、圍棋、coding（程式語言）或各種才藝也能搭配選課，孩子只要送進了安親班一切都好辦，因為小孩不需要移動，不勞煩家長奔波接送，這種「一站式的服務」讓父母非常省事，這真是幫了現代家長一個大忙。只是，我實在捨不得把孩子送進去。

不捨孩子過著窒息的日子

我想起了自己曾經歷過的補習歲月，在追求升學的人生道路上，台灣學生幾乎都避不了這麼一段。南陽街裡的教室長課桌密集排列、不符合人體工學的高腳洞洞鐵椅、轉個身都顯得困難的活動空間、四周的水泥牆連扇窗都沒有，根本沒辦法呼吸。當年，我是到了國高中階段才被「關」進去，而現在要讓我不過才六、七歲年紀的孩子，小學一年級就要送進那樣會讓人感覺窒息的安親班教室裡窩著，而且可能一路要窩到十八歲？

不要！我捨不得孩子這樣長大！

捨不得，不只是因為讓人窒息的硬體空間環境，也因為不忍孩子才剛要開始系統性的學習階段，就要被分數追得喘不過氣來。記得某次期中考後，老二K跟我描述了一位同學看到試卷分數後的焦慮，那孩子一想到要拿這張試卷到安親班，會遭到責難與處罰，在K面前就哭了起來。

「我就安慰她啊！跟她說分數不重要，是不是真的學會了才比較重要。而且，媽妳知道嗎？她考八十八分，比我考得還好耶！」

嗯……考了八十八分還會壓力大到掉眼淚，才國小三年級的孩子啊！我聽了都為那個孩子感到心疼。

我這一代人都走過「只為追逐分數而努力」的成長歷程，老早就打定主意想給孩子不一樣的成長體驗。在老大Y還在幼兒園大班時，我只要一想到她上小學後的課後安排就很焦慮，因為不想送她去安親班，但又不知道該怎麼辦。就在一次和其他幼兒園家長的不經意閒談中，意外聽她談起「共學團」，這是我第一次聽到「安親共學團」，好奇地多問了一些，眼睛瞬間發亮，回頭立刻上網搜尋相關資料，很快就確定這就是我想要給孩子的。

1/2 1. 給孩子不一樣的成長體驗 2. 希望孩子別過著追逐分數而長大的童年

嘉璐給家長的錦囊妙計

安親共學團停看聽

基地、活動、費用報你知

常常，和其他家長聊起「安親共學團」，大多數人都一臉困惑，顯然從來沒聽過，即便有些家長曾經聽說，對於共學團的概念和運作模式也沒甚麼概念。

一般而言，安親共學團的標準規格是一位老師帶四個孩子，師生比上限為一比六，學生人數如果超過六名，就需要再找助教一起帶團。由於國小低年級生一週有四天是半天課，有比較充裕的時間可以讓共學老師帶著四處探索，因此目前參與安親共學的孩子多以小一、小二生為主。和安親班一樣，孩子放學時共學團老師會在校門口等著，接了孩子放學後就回基地進行活動。基地在哪裡？進行些甚麼活動？費用怎麼算？這幾乎是所有家長在一開始想要了解共學團時，會問我的問題，這邊先做一些簡單的說明。

學團活動的各種可能：登高望遠

• 基地——由家長提供可供孩子們課後活動的空間。我們的學團最早是由四個學生家庭輪流開放住家，每個月輪一個家庭，讓孩子們有機會學習當小主人、小客人，家長即使不在家，還是可以透過空間使用狀況的蛛絲馬跡，了解學團運作的一些狀況。除了輪流開放住家作為基地外，也有共學團會由家長分攤費用找合適空間租用，我們的共學團後期則是和教會借用空間，作為固定的活動基地。

• 學團活動——課後活動的安排，各個學團之間可能會出現完全不同的樣貌，端看家長的期待和帶團老師的安排。以我們學團為例，孩

1|2　1. 學團活動的各種可能：祕密戲水景點　2. 學團活動的各種可能：水火箭實驗

子回到基地完成功課後，接下來的活動就有很多可能：去附近公園玩、圖書館借還書、看展、爬山走步道等都是學團常進行的活動項目。每個學期老師也會引導孩子們發想並執行一個完整的計劃，我們學團的孩子就曾設計、製作以台灣史為背景故事的桌遊（遊戲完整度讓我驚豔）；還有一個學期，孩子們在象山步道設計了大地闖關遊戲，讓家長們揮汗如雨認真地玩了一個上午。

費用——學團收費分成教師費和活動費兩大部分。以每天都會入團的正常生來說，目前每位學生的教師費為一個月八千元；另外，我們學團也有一週入團一或兩天的專案生，每個月的教師費就分別為三千和六千。不過這只是參考數字，教師費多寡其實只要親師間有共識就好，像我們的學團考量寒暑假老師帶團比較辛苦，在家長一致同意下就調高了寒暑假每位孩子的教師費為一萬兩千元。由於教師費是以學生人頭為單位收取，孩子人數愈多，主責老師收到的費用當然也愈高，因此當學團成長到一定程度，主責老師就有能力可以再找助教協同帶團。另外，活動費用的部分就包山包海了，舉凡孩子們的餐費、點心費、車資、門票、各樣所需耗材開銷，都屬活動費的範圍，原則上實報實銷，以我們自己這幾年的運作經驗來看，一個月的活動費用約四千元，當然寒暑假外出活動機會多，活動費用也會稍高一些。

以上說明是以目前我們學團的運作經驗為基準，但共學團和安親班並不一樣，安親班行之有年，各種規定、運作原則已成既定，容易預測掌握；而共學團卻像有機體，隨時需要因應學生不同的需求而出現變化，所以不管是基地選擇、活動操作或費用標準，其實只有一個不變的原則就是：只要親師之間有共識就可以了。

于瑄老師那樣說

課後共學的價值

培養孩子成為完整的個體

一路從升學體制走來，最大問題是把我們變得不敢犯錯，上位管理者嗅到了危機，不進反退說我們已經拿掉成績排名了，也不再處罰考低分的小孩了，但是大人還是要繼續玩控制與被控制的遊戲，因為這樣才能確保他們是安全的。偏偏這群人（我爸媽），就是最沒時間跳出來思考這件事情的人了。

在變得太快的世界裡迷失

我親身體會過所以知道，小孩嘗試錯誤的機會被限縮在薄薄一張紙上，僅有分數在移動，那麼他要怎麼長出勇氣、保有創造力？說這些，不是要再加強訓練關於勇氣、創意的課程，而是能不能有一點懷疑，懷疑並承認眼前結構出問題了，不能再複製下去。

讓孩子用自己的感官認識世界

當然結構的問題也不是現在才出現，在遠古時代，人吃飽喝足後，自然就會想找蔽身之所，於是有了以「很好」、「還可以接受」、「勉勉強強」以及「絕不入住」的選擇方式找房子。基本上現在都還能看到選擇帶來的利弊，可是最讓人害怕的是，變得太快的社會，大人毫無警覺地要小孩也一併跟上。下課後、週末假期看到有時間就塞進看似增加競爭力的課程，一堆講求視覺效果的速成課程讓小孩開心被消費（也順便學會了消費文化），小孩變得不知道哪一個對自己重要，排不出優先順序，學校老師說他有注意力的問題，整個人變得怪怪、卡卡的，該專注一起做事時會想要表現自己的個性，該享受玩樂時變得有所顧慮。

進入消費文化、以買賣來交換的世

界，大人和小孩很難不焦慮，於是人的珍貴潛能（如創造力），很容易被包裝成繽紛炫目的課程，課程內容愈是吸睛家長買單的速度愈快。但如果深入去想就知道，創造力是跟小孩可以「破壞」現有的體制或框架有關係，比如說小孩打破遊戲規則，反而更能玩出新花樣，但這些打著用非常厲害的教具、多元的學習空間，卻要小孩按照固定的步驟做完，其實都不是為了小孩設計的課程。然而，小孩沒辦法像大人一樣轉移注意力，憤怒會先從他們體內衝出來，於是乎所有外在的不滿意成了責怪對象。

開始不像小孩的小孩，眼神充滿戒慎恐懼，僵硬的身體、緊握的拳頭，我實在不忍多看，但我也不知如何回應他們父母對學習的控制與期待，說太多的我會不會又成為另一根救命浮木，讓父母們又再失去自省，在這裡頭我常有著掙扎。

課後時光裡培養自主學習

我學畫的老師給了我一個重要觀念，她說永遠要知道甚麼是好的，即便現在不能做（因對象不同、訴求不同等等），但在有機會發表時絕對要做好的東西。

我問自己甚麼叫好的教育？其實就是要讓人感到自己是完整的。像是個性謹慎、思緒縝密的人，就該給他點時間，幫助他先規劃學習步驟、了解眼前事物的來龍去脈，他才能深入地思考、觸類旁通地跨到其他領域去找答案；擁有冒險精神的人，除了給予探索的學習空間外，還要協助他找到表達自己的方式，形成一個完整的個體。

想逐步建立「以小孩為主體」的共學團

教育的本質裡有文化、知識及經驗的傳承，我們看見前人在困境裡產生的人性光輝再進而反思，我身上的獨特處有哪些，該用甚麼方式回應社會，找到自己新的可能。

大學閒暇之餘，我經常幫唸小學的表妹參加的課後共學團代課，那時起我稍微知道共學大概是甚麼、不是甚麼了。看著看著我就知道自己不要在那個組織下工作，因為一群人（老師和家長）開會決定學期計劃內容讓我覺得很奇怪，難道小孩不是學習主體嗎？這樣的共學團讓小孩只能演別人寫好的劇本，我不要也不喜歡。

後來我加入了獨立運作的課後共學團，在那裡一步一步建立「以小孩為主體」的學習，比方說和小孩一起排每個月的行事曆、小孩自己主持午餐、留白時間等等。一直到前陣子我才恍然大悟明白，為甚麼有些事情我會堅持要小孩自己做，因為課後共學的價值就是在「生活裡」養出小孩自主學習能力，這是學校做不到的。

嘉璐媽媽這麼說

進學團要學習的事

給孩子放心玩的空間

看到妳給「好的教育」下了定義，是要讓人感到完整，我想我是認同的。只是好簡單的這麼一句話，執行起來卻極為困難，尤其在團體當中，孩子們社會化的過程，一定要捨掉一些自己，才能納入一些別人，這樣的過程會讓人感到完整嗎？或者，我們希望的不只是孩子們「感到」完整，而是「成為」完整。

給孩子學習的時間與空間

我們希望孩子在磨去一些稜角後，能夠以一個獨一無二且成熟完整的面貌，在團體中與他人協作相處。同時，我也不禁自問，讓孩子參加共學團，我期待他們在這裡能學些甚麼、達成甚麼目標呢？「學業成績」是首先被排除的。每次和預備加入學團的家長

1|2 1. 想逐步建立「以小孩為主體」的共學團 2. 一起抓螃蟹

面談，我都開門見山地告知：「在學團的孩子，考試成績都很一般。」孩子們在學團會完成回家作業，但他們從來沒有在學團寫過一張評量或練習卷，甚至大考前的複習都很有限。平常，孩子們功課寫完就會去公園、去看展、去爬山、做計劃……他們會做很多事、去很多地方，但就是不會坐在教室裡抄抄寫寫。

記得有一次，一位當時才剛加入學團的家長，跟我聊起孩子進團後的學習狀態；媽媽跟我說：「這次小考他考了九十幾分，他從來沒有考這麼差的！」我笑著回她：「九十幾分在我們家算是超高標啊！」其實，成績是其次，因為她當時讀小二的孩子剛離開緊迫盯人的安親班，加入共學團後整個放鬆下來，從緊湊的生活步調到學習安排都進入了一種散漫狀態，讓這位媽媽在家裡看著有些擔心，同住的長輩甚至開始質疑媽媽把孩子送進學團的選擇，讓媽媽感到十分有壓力！在我們幾次的對話中，我嘗試著

走出戶外，與環境多一點接觸

請媽媽再給孩子一些時間，畢竟孩子才剛從外力他律的學習環境中出來，他的行為反應似乎是可以理解的，而我們希望能把孩子引導進入內在自律的狀態，成為一個有內在動機的學習者，這是需要給孩子時間和空間的。

我覺得學團能給的健康環境，就是讓孩子有足夠的時間和空間，我想打造的是，能讓他們自在的環境，不是被壓抑著，而是能有摸索、理解的空間，進而發展出妳所謂的「完整」。

在玩耍過程中讓人意外地成長

回想起幾年前剛開始組學團，我的想法很單純，就是不想讓才六、七歲的孩子，就要鎮日被關在水泥建築的教室裡，小小的位置、沒甚麼讓手腳伸展的空間，想著都讓我覺得快窒息。在學團成立初期，如果問我「希望孩子在學團學甚麼」，我應該很難明確回答，只是希望他們能在各種不同環境和活動中多接觸、多嘗試，玩甚麼都好，就都去玩一玩吧！

我的孩子在學團「玩」了這麼幾年，成績確實都不怎麼樣，但他們開始勇於表達自己的想法，古靈精怪的點子常常讓我難以招架，他們也愈來愈能掌握自己的生活步調，愈來愈清楚自己是怎樣的個性、甚麼狀況下會有怎樣的情緒，情緒出來的時候該如何面對、自處，甚或面對有情緒的夥伴，他們要怎麼反應。他們對於自己要甚麼、不要甚麼都能說出個理來，而這些族繁不及備載的成長歷程，對我來說都是意外且開心的進展。

于瑄老師那樣說

接學團該教孩子甚麼？

透過活動讓孩子為自己做主

我也跟妳一樣，一開始不清楚共學是甚麼，不知道是幸還是不幸，遇上前輩一路嚴格、嚴厲地告訴我共學不是甚麼，當下產生了很多排拒的感覺，但現在回過頭來看，對她只有感謝，因為她讓我去思考共學到底是甚麼，並且不至於失去孩子自主學習的原則。

前輩告訴我無論做甚麼事，只要沒有立即的生命危險，都要「讓小孩自己做」：寫功課時，不要幫小孩想答案；雨天時，不要幫小孩穿雨衣；打掃時，不要幫小孩工作；更別提幫小孩拿書包和手提袋了。

有時候我沒有意識地幫他們做了就會換來斥責，被說我這是在「剝奪」他們學習的權利，雖然我不認為我有，不過這戲劇化的橋段是在強調一件重要的事：去發展小孩的主體性。

不獎勵、處罰孩子，撐出共學價值

這讓我想起有一次帶小孩去故宮兒童學藝中心參觀，遇到同期進來的T團老師，我順口關心了一下她近況，順便問她待會兒幾點離開？沒想到她們居然要比我們早一小時走，這讓我更好奇地問：「你們基地不是離故宮很近嗎？為甚麼要這麼早回去？」

她無奈地說，因為團裡只有兩個小孩，家長拜託她要趕回去讓小孩上四點半還是五點的音樂課，平常也都是這個樣子，沒有甚麼不好。

當然可以提早下班很好，但身為共學老師不就是要努力替小孩撐出玩樂的空間，好不好玩、玩不玩得起來我們還都可以想辦法，假若都沒有，又怎麼期望家長、小孩看到共學的價值？

後來，T團解散了，老師疲累地說她不想再做教育了，轉而到餐飲業服務。

現實就是這樣，小孩很容易被忽略成為客體，以大人的需要與想要來規劃、安排覺得小孩會想要、未來需要的活動，父母可以用愛來服人，那老師呢？恐怕也只能用威權懾人。當威懾無用時，老師就開始制定規矩：不准亂發出聲音、寫作業要先寫數學再寫國語、不准罵髒話就不用跟小孩解釋有多髒，做到給獎勵、不遵守就處罰。

我自己是堅持不在教育現場帶頭做獎勵、處罰等行為，然而小孩不會因此就忘了自己曾因類似事件被其他大人懲罰的苦楚，他們會婉轉暗示我，或直白地說：「你是老師！你要幫我們『做主』。」言下之意是要我處罰被告，可是我不想當法官裁決人啊！

請靜下來仔細想清楚，我們真的會因為看別人被處罰，自己就沒事了嗎？試著想如果下次那個被告又因為同一件事再犯，應該會被他明知故犯給氣炸吧？而這樣的事情其實很常見。

把孩子當作完整的人看待

小孩其實是要你疼惜、理解、支持他，來撫慰他所有曾被否定的感覺，這樣的「做主」問題就會變成：「那我們一起來想想看，怎麼做你的感覺會比較好受？」

一開始小孩可能說不上來，慢慢引導後，就會發現他們很在意對方懂他的感覺，對方如果能接住他的心情，通常就沒事了。

被大人責怪後的孩子，會有一種「我自己明明也受傷，為甚麼要我先幫你擦藥？」的感覺，這時最忌諱帶頭做「假道歉」，我們應該把自己當成翻譯機，協助小孩將自己的困難轉達給另個孩子知道。如果小孩們還是很氣、彼此僵持不下時，小孩之間常用的替代方案是延緩對方享樂的時間，來讓自己比較好過，像吃點心時多分給自己、他人幫自己多做一點打掃工作等等，以兩個人自行商量好為主，這樣的方式他們通常會很清楚、心境上也比較能接受。教育者不要過度介入結果，除非孩子有做出違法的行為。

這樣一次又一次的個別陪伴，就能漸漸地把他們從孤單、無助的深淵拉起來。我曾遇過一位受傷嚴重的孩子，花了三小時聽他從以前說到現在，再想到自己對未來沒信心等等。我心想如果每個小孩都能被大人好好對待，也許這些痛苦就不存在了，倘若教育者有心想要翻轉權力位階，也能透過活動設計的方式，換小孩做主。

所有人都要好好去想處罰、威脅小孩有甚麼意義？是希望小孩有權力時，也像你一樣去壓制別人嗎？這樣的例子不用等他們滿二十歲，現在到公園就可以看到了。簡單地去反思，我自己不想被這樣對待，所以我也不會這樣去對待別人。

這是核心準則，不因為小孩「小」而看輕他，代替他發言、幫他做他自己可以做的；但也不要太看重他，要他及早承接社會壓力，不要忘記了小孩是透過「玩樂」在嘗試、解決未來問題。

所以，請把他看作一個完整的人。

很難想像吧？你說眼前這一位不洗澡、愛看電視、早上爬不起來上學、水壺不拿出來洗、期末評語單被寫上「普通、會打人、不敬老尊賢」的小孩，他是一個完整的人？是的。當你這麼相信時，孩子會被你「真心的尊重」撼動，改變的速度多快多慢不知道，但你會發現，當他開始去想「我還要這樣繼續做嗎？」的時候，轉機就出現了。

不該妨礙孩子練習自我表達

教育還有個難以著力點是，你我之間雖然不用分規矩，但涉及社會道德、倫理的問題可就沒這麼簡單了，這大概也是所有父母、老師望之卻步，寧可被小孩恨一下的原因。

以下跟大家分享幾個教育現場的實例，有一學期，我們共學基地換到團裡小孩的媽媽的工作場所——補習班，某一個再平常不過的下午，小孩以不影響用路人的通行，在通道上玩鬼抓人，這時媽媽的內在開始有了一些拉扯。

但她還是按捺住情緒，等所有小孩玩完回家後才把我拉到旁邊說：「老師，我不反對小孩玩遊戲，只是他們在分隊切拳時會說：『哇係恁老北』（我是你老爸），這是沒大沒小的髒話，妳可不可以制止他們？我擔心他們在門口玩會影響補習班形象、對面住戶的觀感。」

媽媽的顧慮確有其理，如果是你會怎麼做呢？

還有一次帶小孩去新竹玩，區間車搖搖晃晃地到了香山，我們打算先進食來暖身，步出百年檜木車站外，隨意跟在當地人後頭進入了一家小吃店。小吃店裡滿滿都是人，想要入座只得跟人併桌，兩個看起來年約五十歲的男人，硬是擠了一個座位給小孩，這份人情味在我再三道謝後，起了微妙的變化。中年男人開始藉友好的模樣，探問起小孩從哪裡來、來這裡做甚麼、幾歲、怎麼這麼瘦？小孩似乎被這過於緊密的人際界線嚇到，僅說自己從台北來，就沒再說下去了，中年男人可沒有因此打住，繼續向我們展示他熱情的誠意：「來！這一盤鴨肉請你們吃，來者是客嘛！」

我趕緊謝絕有兩個原因，一是不曉得收下這盤，會不會換來更多盤？以這個中年男人亟欲消除界線來看，或許還得還他人情，而我們是不是也要交換個人隱私？二是點菜時，我確認過小孩都不吃鴨肉，他們說啃骨頭很麻煩。我以第二個原因客氣地向中年男人說明，孩子不愛吃肉並且擔心待會餐點送上來會吃不下，沒想到中年男人竟說：「那給老師吃！」

這時候我有點不高興了，沒辦法再以笑容回應，直白地說：「不好意思，我想吃的時候自己會點，但我現在並不想吃，請你不要勉強我。」

男人還是很強硬說：「你吃啦！」好像不吃就是不給他面子，所以我再說也沒意思，便把鴨肉盤放下、坐下來冷靜思考到底怎麼一回事？為甚麼我這麼不舒服？

一年級的言察覺到了，小聲問我說：「妳是不是覺得他很煩？」我沒接話，看後面有客人要走了，便叫小孩準備起身換位，看大家都鬆了一口氣。

心想如果我媽剛在旁邊，她肯定會唸我怎麼會說出這種沒大沒小的話，但回過頭來問自己，想給孩子的「教育意義」是甚麼？繼續讓我跟孩子默默接受中年男人的「熱情」嗎？孩子可是都在看、在學，若教孩子尊師重道能讓他活出自己的樣貌，我就教，如果沒有，還妨礙孩子練習自我表達，我寧願被罵也不教閉嘴。

回到第一個實例裡，也是這個原則。我沒有想複製媽媽對威權的認同，也不打算讓孩子停在原地，因為他們遲早要面對社會有一群人把威權當權威，而我能給他們甚麼改變的契機，才是我最在意、關心的。

後來，我把小孩媽媽的困擾與我不想阻斷遊戲的心情說給小孩聽，邀請小孩一起來想我們怎麼做能兼顧？小孩聽了以後，沒甚麼反應，倒是很平靜接受說：「那還是我們把『歐北歐北哇係恁老北』改成『老杯老杯我是老杯杯』？」

「真的嗎？會不會感覺委屈？」

「不會啊！」

嗯……看來我跟小孩關係還不錯吧？

面對不同立場要多些寬容

面對口號式的尊重，我總是頭疼做不來，但這次就比較幸運了，事情發生在我們等車時，一位自稱是某大學教授的男子，無聊地問小孩Y說：「妹妹你怎麼這麼瘦？」小孩Y大概是不知道怎麼回答，看了男子一眼就沒說話。男子看她沒反應，繼續說：「妳這樣會不會發育不良啊？」一旁也在等車的路人媽媽跳了出來，她聽到陌生男人說「發育」一詞明顯就是要騷擾小孩，並警告他最好不要再說下去了，否則她會馬上報警。

男人非常生氣地說：「我是一個教授，還會帶學生出國比賽，怎麼可能性騷擾！妳說這話是在汙辱我嗎？」兩個人就在小孩面前大吵了起來，我問Y有感覺不舒服嗎？會不會怕？我們可以避開。

Y搖搖頭說不會，淡定表情好像在說「甚麼大風大浪沒看過」。

回頭去想剛剛大人間的爭執衝突，雙方各自帶著自己背景與價值觀進來，再以「小孩是否被騷擾」的問題開啟激烈爭辯，結果便陷入了有沒有性騷擾、各說各話的爭論中，這樣類似的模式，在身邊、媒體上層出不窮。如果可以再往前幾步想，雙方是在甚麼環境下形塑的立場，竟然要如此用力捍衛自己固有經驗，是不是就能撕下標籤、多一些寬容的態度？

透過遊戲建立溝通的橋梁

在這個例子裡，我看到中年男人很想跟他人對話的心情，卻沒人理睬，我想知道他是不是沒有和這年紀的小孩相處過的經驗？他是不是不太知道怎麼關心自己？怎麼給對方需要的關心、支持？他的生活圈健康嗎？他是不是很少收到滋養的禮物？以這份理解作為起點，檢視思考，找出共通性：其實我們都很努力地以自己的方式在關懷小孩，儘管有時不是最好的方法。

唯一和男人有對話的路人媽媽，是出於防衛反應下想保護弱者的心態開口，當下的衝突好像讓這位男子成了最壞的人。但這中年男子真的是這樣嗎？當然不是。

「教育」的迷人之處就在於能看見人的整體性，這一天，我們在路邊觀看、學習，當這樣的經驗累積足了，人才可能發展出真正的理性，一起決定社會未來的方向，往更好的路走去。

上述還有提到教育者可以透過活動設計，改變權力不對等，那麼到底是該設計甚麼活動才能做出改變？我認為是「遊戲」，陪玩或任何遊戲都可以，重點是讓老師能居於弱勢的下位，小孩就會開始示範過去權力者施威的模樣，遊戲時間多長多短就看個人耐受程度，老實說我被折磨過真的超痛苦，但心裡又浮現一絲絲做對甚麼的喜悅，孩子你們要相信，世界上還是充滿很多愛和友善。

倘若共學老師沒有這一層的認知，那麼共學團就也只是看起來會出去玩的安親班，以及更多的未爆彈而已。

于瑄給老師的錦囊妙計

共學老師該注意的大小事

與孩子一起安心學習、成長

在我接這團之前，那兩年的助教經驗對我幫助非常大，這邊也分享給有心想和小孩一起合作、成長的教育者使用，不過也請自己斟酌，別讓這些經驗絆住自己跟小孩真實的相處情況。

首先，保護每個小孩生命安全是最重要的事。過馬路時，小心轉彎車可能會直接撞上，所以請老師張開長長的手臂幫孩子擋住來車，經過鷹架或舊看板下面要更加注意、等紅燈時不要站太外面、提醒小孩下公車時檢查左右兩邊路況、注意小孩鞋帶是否綁好避免捲進手扶梯、悠遊卡繩避免被車門夾住等，我們不知道意外何時降臨，所以必須緊盯周遭每一處，每一刻都不能鬆懈、盡可能減低風險，做好心理準備，才不幸負小孩爸媽對老師的信賴。

事先揣想這麼多可能的狀況，以致於每次我過馬路時都緊張兮兮，後來還被小孩拿來開玩笑，他們模仿我指揮交通嚴肅的神情、語氣跟用力的動作，看了真是好笑，不過也還好有他們在一旁提醒，我才能放鬆一點。

我常擔心侷限了孩子的行動卻又不能限縮他們探索世界的衝動，兩者像兩頭馬車各自拉扯，而老師要在拉扯間找到力量往前行。

需要花心思理解孩童心境

相信有很多新手老師不知道怎麼當老師吧？我自己剛開始就很不安。那時候帶我的前輩，跟我說老師第一個月要扳著一張臉，否則小孩很快就會爬到老師頭上，到時候老師若生氣他們只會覺得老師是神經病；但如果先嚴肅待他們，後來再對他們好，他們會認為我是天上掉下來的好老師；另外，也不能在孩子面前露出什麼都不會的樣子，更別說是在家長面前，但家長總是錯把教育當服務業。後來我自己出來帶團，就把這些礙人的線、規則給放掉了。

之所以說礙人，是因為家長的「權威」阻礙了彼此對於教育的理解，以至於後來我也重新看待「權威」這件事。過去因為觸碰權威的界線而被處罰、教訓，讓我對權威有了錯誤的理解：沒得商量、應該要「正確」、努力撐住老師的面子等很陽剛的模樣。

那麼就「去」權威嗎？當然不是，只要仔細觀察小孩的行為，你會發現他們本能上需要權威，但是這裡的權威更像是一種信任：我願意把我的生命交給你，知道你會引領我一步步去經驗未知的世界。

你認得出人由內而外產生的無窮力量嗎？如何讓孩子們在自己的成長速度上順利前行？花心力去了解小孩的狀況、問題雖然值得，卻也是件困難的事，但你會更了解他們現在的心境。

事先釐清親師義務、收款標準

還有一些前輩告訴我不能放掉的教育義務觀念，像是出門隨身攜帶醫藥包，提醒小孩防曬、防蚊等，如果小孩意外受傷後能「主動」跟父母說明事件的發生經過，以免落入只有一方說法而失之偏頗，到時候要處理起來可能會變得更複雜；有時我們也需要顧及父母的心情，因為他們可能會自責、失落、生氣等等，所以教育者在其中保持平衡也蠻重要的。

前輩還經常舉家長半夜打電話給她的例子，沒接到家長的電話就被質問為什麼不馬上回電；或是學期間臨時有小孩要退團；他們更不時耳提面命告訴我要保護小孩隱私，避免網路上有他們正面照、校名或學號，因為想到小孩長大以後，看到自己童年照曬在上面會尷尬彆扭。

種種不愉快讓她必須築一道牆，白紙黑字以求自保。有了這個概念，我後來也找律師擬一份合約書，界定親師間的權利義務關係，內容包含收費、師生比例、聯絡時段、接送責任等之後，就真的沒遇過這類事。

另外，學團公費的部分是每個月預先收款，費用多少就看活動內容而定，另外每學期還會收一次私費，用在支付小孩忘記加值的悠遊卡、個人開銷上。我是希望能簡單處理，如有餘額就繼續留到寒、暑假用，明細分成上、下半年兩個週期寄出。想當初我們學團也是花了半年才找到一個收費標準。

還有每個月二十五號左右會寄一份活動計劃給小孩的爸媽，內容會寫出下個月我們想做的事、需要的支持、團體現況與發展方向。

像這些隱形的行政工作就是我當助教時沒體會的，希望以上有關共學老師該做的事情，能給予大家一些參考方向。

孩子想辦法取下樹上的松果

城市隨處都是教室

認真觀察松果中

孩子們彼此照顧

放學後去小溪玩，
是都市孩子的奢侈

古早味搖椅好好玩

故宮前面玩起抓人遊戲

外出回來後，總會讓孩子自己做記錄與回顧

往猴硐坑的路上

Chapter 02

共學路上的好夥伴

在教育的道路上，彼此都是最重要的夥伴，
觀念相仿、互相協助的家長們；
因材施教、帶領孩子獨立自主的老師；
以及漸漸地在快樂中成長的孩子，
漸漸成為一個支持彼此的團體。

嘉璐媽媽這麼說

透過各種管道找學伴

教養孩子的路上不孤單

萬事起頭難。雖然我把安親共學視為孩子最理想的課後安排，但是得無中生有弄出個共學團來，一開始我還真不知道要怎麼著手進行。還好當時有幼兒園的家長介紹了專門協助組織學團的「雅德賽思協會」，上網Google相關資訊後直接打了電話去諮詢，接電話的黃理事長很「阿莎力」，說可以直接來幫我辦個說明會，這讓我在初期一切混沌當中，有了明確的第一步。

積極邀請家長來說明會

記得是在Y上小學那一年的二月，不管是在孩子的幼兒園、參加教會聚會或是透過臉書發私訊，只要讓我有機會接觸到學區內孩子也一樣屆齡要上小學的家長，我都盡

協會除了媒合學伴老師，也能規劃併團活動

量不錯過地廣發邀請，想把他們找來一起聽聽共學團的說明會。現在回頭想想，那時候的我其實也搞不清楚學團到底要做甚麼、要怎麼做，居然還能說動那些家長願意來捧場，實在是感動也感謝！也還好當時自己抱持著不願錯失任何潛在學伴的心態，散打林中鳥，才因此拉高找到學伴的機率，成功成團！

總而言之，我們最後包下了一家親子餐廳，滿滿的大人小孩，還特別安排了 Pizza DIY 把孩子們支開，讓家長可以專心聽協會理事長的說明。最後，這在十幾個參與說明會的家庭當中，讓我幫Ｙ找齊了其他三個學伴。這四個孩子都唸同一所幼兒園，其中三個孩子（包含我家的Ｙ）還都是同一班，孩子們剛好是兩男兩女，四個家庭對彼此也都不至於完全陌生，對一個新成立的共學團來說，算是很不錯的起手式，雖然在學團正式上線的第一個學期，就有兩家選擇退出。

成為支持彼此的團體

在這四年多的時間，我們學團幾乎每個學期都有招生壓力，雖然每次參加學校園遊會、體育表演會，碰到其他家長時，我總會趁著閒聊間順便介紹一下共學團，但觸及率非常有限，還好現在各種網路社群連結，讓我不用辦說明會，就有機會接觸到其他相見不相識的家長。我曾經透過「雅德賽思協會」提供的通訊錄，聯絡上也正想要找共學團的家長，也嘗試過在孩子所屬班級的家長群組中發出招生訊息，甚至在共學相關的臉書社團發文徵學伴，幾次下來，雖然也碰上些進團沒幾週就退出的過路學伴，但最後還是幸運地找到了好幾個理念相通的學伴家庭。因著孩子讓我們幾個家庭有了連結，也成為彼此在教養路上的好夥伴。

我後來才發現，共學團不只是讓孩子們能夠有同伴一起學習成長，對家長們來說，也自然形成了很有溫度的支持性團體，在照顧孩子上，只要有需要，隨時都能找到支援家庭出手幫忙。好比我家的K好幾次因為爸爸晚上應酬，學團B家就會好心收留，等到我晚上八點多下班去接孩子，她不只晚餐吃了，連澡都已經跟著好朋友B一起洗好，甚至從內到外全都換了B的乾淨衣物，對上班媽媽來說真的揪甘心，接到孩子時，看到她已經呈現回家就能直接上床的狀態，媽媽的眼淚都快流出來。

我們常常感嘆現代生活，人與人之間的連結互動淡薄，讓父母在照顧孩子時也常覺得無力孤單。曾經聽過一句非洲諺語：「養大一個孩子需要全村之力。」讓我想起過去我父親是典型眷村長大的小孩，從小我就常聽家裡長輩回憶過往眷村生活，整個村就是一大家子，某種程度落實了「幼吾幼以及人之幼」，眷村媽媽只要忙不過來，都能很放心地把孩子託付鄰家。在我當了媽媽之後，每每奔波忙碌之際，就很羨慕過去像眷村那樣的社區支持網，很意外的，我們幾個家庭在共學團裡居然也自然發展出了這樣的支持網。因為共學團，讓我在教養孩子的路上有伴不孤單，在人際淡漠的大都會裡，這真的讓我很有幸福感。

・給家長的暖心建議

學生人數穩定和學團存亡有直接關係。國小一、二年級，一週有四天的半日課，參加學團活動時間較完整，到了三、四年級，半日課減少到只有兩天，五、六年級就只剩下一天，所以隨著孩子長大，想要維持學團穩定長久，低年級孩子的人數維持就特別重要，因此，我總是會盡量維持低年級的孩子能有三至四人的水準，只要有孩子升上中年級，就會再補低年級的孩子進來，直到現在老師和家長們有共識，覺得學團已經完成階段性任務，要慢慢收尾結束了，才不再招收小一新生。

成立新團所需的四個孩子，最難找齊。如果沒有辦法在既存的社區人際網絡找到學伴家庭，可以到一些媒合平台尋求協助，媒合平台也會後續協助老師帶團，每個月則以家庭為單位收取服務費用。目前規模最大的媒合平台應為雅德賽思教育協會，提供想要組學團的家長登錄資料，方便彼此聯繫組團。但即便藉由平台成功找到學伴組團，家長的積極度還是很關鍵，媒合平台終究只是平台而已，還是需要家長自己後續的聯繫串接，彼此多些認識，來確認教養理念不會相差太多，否則日後家長們對於學團活動安排與期待彼此落差太大，導致失敗甚或不快收場，對孩子來說也會是一種傷害。

雅德賽思教育協會

于瑄老師那樣說

家長、老師共同編織支持網

分享與鼓勵，增進成長空間

坦白說被一群家長支持的力量，是我以前在前輩手下或共學機構中都不曾體會過的，一直到我獨立出來，才有感我們親師之間因著小孩，從陌生到熟悉；因著小孩，凝聚的善意，已經織成了一張寬大又細密的網子。

尤其感謝妳，先開啟了這個善的循環，主動幫我招生讓學團人數維持在穩定狀態、跟大家協調開會時間、地點，對十分怕麻煩的我來說，妳的存在就像一顆太陽，在縱橫交錯的人際關係中依然編織光芒、溫暖，引出大家參與討論。

秐的爸爸也是一路相挺，給我許多支持跟鼓勵，讓新手老師我走得更穩更順，每到我們學期計劃發表日，他總是認真看待又不失輕鬆、開放的態度，以至於我跟小孩真的敢去夢敢去做。從一開始的野餐日（玩玩食物）、登山闖關日、自製台灣歷史桌遊、寶

1. 孩子們與中南街社區阿嬤互動　2.3. 南港老社區尋訪製圖

藏巖實境解謎遊戲以及製作南港中南街社區地圖，這幾個計劃到後來慢慢由內轉向外，也是因為我們從耘爸爸身上感受到自己有能量去關注外部世界。

說起來你們這一群家長很平易近人、好相處，且樂於分享自己教養路上的經驗給彼此參考、互相扶持，著實讓我覺得自己被支撐，我知道自己不太擅長講好聽話，也不太想勉強自己去說，於是就有了空間讓其他家長幫忙，所以我們開會就像在聊天，如此放鬆的氣氛下，好像也沒甚麼問題解決不了。現在想起來這樣的模式蠻好的，我也才有更多心力替小孩撐出學習空間。

不把情緒帶入教育現場

我在想是不是你們在人際互動上的經

驗比較豐富，所以我們每一次開會的氣氛都很好，顛覆我以往對開會模式的認知。記得那時候前輩因為要跟父母開會緊張焦慮到拚命地摳指甲、肚子痛，加深我更害怕自己不夠好、不會做的印象，但成長不就是要能回頭去確認這些印象，是不是夠貼近現實？很快我就意識到，我不要走進跟父母爭權比大小的劇本裡，因為倒楣的都是孩子。

為甚麼這麼說？比如說當父母請老師提醒小一孩子上廁所或喝水，劇情可能就會演變成老師對小孩的冷嘲熱諷，甚至在眾孩子面前暗指這個小孩不成熟，這是這個小孩應該要承受的嗎？

但如果以親、師、生共同合作的態度去寫，劇情就大不同了。

因為有被嚇過的經驗，所以我常提醒

攝影／森爸的街頭攝影

自己不要把恐懼跟害怕傳染給孩子，面對人、事、物時要盡量採「中性的角度」解釋給小孩聽，我知道這聽起來很難，但也沒有甚麼快速的方法教會老師跟小孩，只能慢慢地影響，這是我從另一個前輩W身上學到的。而所謂中性的角度，意思就是作為一個有道德的人，不要用情緒去區分事物的二元性，如此，在教育現場也就不太會發生前後矛盾的事，小孩自然也會信任老師的處理方式，團裡的氣氛也就會慢慢轉變了。

3|2|1

1. 為登山闖關預備
2. 家長們目送師生前往寶藏巖布場
3. 帶著孩子們查找資料發想桌遊內容

嘉璐媽媽這麼說

從找老師到學團獨立運作

尋覓彼此合意的共學夥伴

最近，聽聞了幾個朋友的孩子，才國小中低年級就已經出現拒（懼）學的狀況：有個小二的孩子一整個學期只去了學校三、五天；另一位小三男孩則忍到期末，最後硬是不肯去學校完成期末考，朋友只要一談起孩子的拒學、拒考，都是極度困擾，全家也為此雞犬不寧。

孩子的壓力來自失控的師長

當初，還是小一新鮮人時，孩子們多半是雀躍期待又有點怕生害羞地開始他們的小學生活，為甚麼才短短幾年，可以鬧到抵死不上學？抵死不是誇張，孩子真的會拿出「要我上學就死給你看」的堅決，讓爸媽最後只能黯然接受。聽了好些朋友邊流淚邊描述的

1|2　1. 學團運作順利，才能讓小孩安心活動　2. 在家長的信任下，老師能帶著孩子上山下海

故事，發現這幾個孩子都碰上了學校老師的不當對待。當老師以充滿情緒的態度面對孩子，動輒大吼、怒罵甚至丟東西，讓孩子們總是時時刻刻提心吊膽，不知道老師在哪一秒會突然爆炸，以師生在課堂裡上對下的角色關係，孩子承受的壓力其實很大。試想，我們大人在職場上碰到歇斯底里的長官，可能都要憂鬱症了，更何況是孩子要去承接老師不知道何時會出現的砲彈般情緒攻擊？而大人受不了的時候還可以另謀高就，現在的制度卻讓孩子連在同一個學校裡尋求轉班的機會都不可行，難怪孩子回家後情緒也開始像個炸彈不時失控。

所以，我真的很感謝主，讓我們學團能有一位情緒穩定、面對孩子時知道何時該放何時該收、引著孩子發現自己潛力的

1|2　1. 河邊戲水，親近大自然　2. 與老師氣味相投，就能放心讓小孩趴趴走

老師。雖然在妳之前，我們已經交手過兩位各有不同狀況的老師。

面對不適任老師的處理

比較驚心動魄的，是我們學團的老師二號，就是在妳之前的那位。其實老師二號是個態度很誠懇的大男生，說話口氣總是柔和，但面對孩子卻失了自己作為老師該扮演的角色，任著他們宰制全場，控制不住孩子，無法引導學團活動，反倒被孩子們牽著跑，以至於學團愈來愈失序，孩子們被帶到情緒、行為都失控，甚至學團外出時還會把孩子帶不見。一次，他在尚未掌握孩子能力的狀況下，讓當時小二的Y自己坐公車回基地，最後孩子過站沒下車，自己想辦法花了大半個小時才回到集合點，當時我在公司正在準備即將開播的晚間新聞，接到老師二號打來的電話，嚇出一身冷汗，但我想老師二號應該也把自己嚇出一身冷汗；又有一次，他帶孩子們外出看展時，耘說要去上廁所，他說會跟其他學生一起在原地等待，但耘上完廁所回來後卻沒見到老師，展場人又多，耘只能打電話跟爸爸求救，還在上班的耘爸接到電話飛也似的趕到現場，還好最後孩子平安。家長們雖然多次和老師二號討論溝通，希望協助他盡快上手進入狀況，但忍著觀察三個月，這位老師最後還是失去了家長們的信任，我們以最基本的孩子安全考量，把他換掉。

磨合不了而撕破臉

我還想到一位好友氣呼呼地跟我分享她和他們學團老師極不愉快的互動經驗。這位媽媽當初也是因為看了我們學團的活動多元，覺得這樣安排孩子的課後生活很不錯，所以也自己想辦法幫兒子組了個團。這個團的第一個老師，一樣是社會新鮮人，帶團沒甚麼經驗（這其實是大部分共學團老師的共同狀況），家長不是太滿意，所以在第一個學年結束時，朋友相中了孩子當時參加的潛能開發課程的老師，覺得她比較有經驗，特別找來接手帶團，彼此又辛辛苦苦地磨合了一學年。沒想到，在預定學期最後要舉辦成果展的前一天，只因為某位家長在群組裡想確認活動場地，引來老師的不滿，帶團以來累積的情緒一股腦兒地爆發，學團最後就在老師、家長撕破臉，孩子們也帶著氣的狀況下，突然就結束運作！嗯……沒錯！連已經花了不少時間準備，隔日就要進行的學期成果展都沒有了，大家退群組、就地解散！

到底這個團出了甚麼問題？朋友覺得，帶團老師認為自己有經驗，只要家長提出建議或提醒，她就立刻升起防衛機制，剛開始的回應還能客客氣氣讓家長碰軟釘子，但是到了後期就愈來愈帶刺，感覺老師也應該負能量累積瀕臨極限，終於出現了最後的那根稻草，就爆炸了！

我原以為，老師和家長鬧到這樣已經很誇張，沒想到和妳聊起時，妳居然說還聽過學團內有人互告的，真讓我瞠目結舌。畢竟我們學團一直以來都是氣氛融洽，相對於那些不歡而散的學團，我們到底做了或沒做些甚麼？親師之間的互動真是一門大學問啊！

・給家長的暖心建議

想要加入共學團，最輕省的方法，就是先探聽在就讀的國小裡有沒有現成的團可以加入。但如果是自成新團，建議可以先加入「雅德賽思協會」或其他共學相關單位協助媒合老師，協會手上多有一些儲備老師，會按家長提出的需求進行初步篩選，接下來則提供家長們應徵老師的基本資料，讓家長擇出幾位安排試教、和孩子們互動，由家長們從中觀察、一起面試。所以，如果學團由四個家庭組成，老師要面對的可能就是一對八的面試，對於社會新鮮人來說，顯而易見是很大的壓力。

幾次面試老師的經驗下來，發現合不合意只要聊個兩分鐘就能八九不離十。不合意的老師在自我介紹後，家長們提問稀稀落落，速速打發，但若是碰到合拍的老師，一聊不自覺半小時就過去了。你或許會問：「怎樣的老師才合意呢？」這實在沒有標準答案。有些家長擔心孩子常常外出有安全疑慮，因此偏向靜態性活動，就會對熱愛趴趴走的老師沒有太大興趣。家長若選擇一個興趣氣味和自己都較相投的老師，未來學團運作時，產生親師矛盾的機會當然就會比較少。

默契足夠就能獨力運作

另外，雖然加入協助媒合的機構，每個月都要繳付服務費用，金額依照各機構規定並不相同，我自己曾經加入的兩個機構，都是收取一個家庭兩千元的服務或顧問費，但是學團在尚未穩定運作之前，建議還是要掛靠在機構之下，因為新師、新團的經驗不足，其實常常都還是需要外來協助。

我們學團是在運作了兩年多後，因為老師認為當時參與的機構對於帶團老師在權利義務上的規定，已經造成她的負擔，家長們也觀察老師確實不需要這個機構的輔導協助，已有獨立帶團能力，最後經過家長們討論確認，決定離開機構，原來每個月要繳付給機構的服務費，家長們也直接在寒暑假期間回饋給帶團老師（畢竟老師才是實際帶團勞心勞力的人）。曾經聽聞過，獨立運作的共學團存活率並不高，但這幾年的經驗，我認為如果親師之間有足夠互信，師生之間也已經有很好默契，走自己的路沒有想像中的困難，學團裡不是只有老師，還有好幾位家長，彼此協力，我們並不孤單。

于瑄老師那樣說

接下共學團後的新開始

先了解學團孩子的身心狀態

起初我是不太想接下這個團，因為那時我才剛從另一個課後共學團離開，當助教快兩年的時間，無時無刻不被灌輸「家長是很可怕的生物」後，我就深深地相信這件事了，所以當時的我會覺得，比較理想的狀況是先跟在資深教練旁邊做邊學，等一切都熟悉後再獨立帶團。

另一原因是知道這個團裡的小孩，正處於身心不穩定的狀態，而現在我要變成他們的第三個後母老師，怎麼想都不願意。沒想到我還來不及婉拒，就先接到家長說很喜歡我的電話。記得跟所有家長見面那一天，大家拋出了好多問題，我雖然緊張，但同時隱隱約約感覺到右前方一直有個溫暖、充滿關愛的眼神看著我，不知道為甚麼看著耘媽媽就能放心回答，第一次感覺到被家長支持的力量，這是一個好的開始。

小孩在玩的過程中少不了推擠，老師需要讓他們先冷靜下來

衝突中先找出冷靜的方法

隔幾天換我和小孩見面了，眼前三個小孩Y、耘、杰就像一團團打結的毛球，毛線裡還夾雜著灰塵和看不見的細碎玻璃，讓小孩任憑身體本能橫衝直撞，實在很危險。印象最深刻的是，耘和杰有一次起了很大的衝突。我沒有想說誰個性有瑕疵，這也不該是小孩要練習的，而是他們都喜歡用碰撞身體的方式玩，所以才能這樣靠一起玩，雖然他們嘴上總說對方是自己的死對頭，但過十分鐘又可以一起玩了。然而他們玩的過程總少不了推、擠、壓，直到其中一方感受上已經不好了，另一方卻無法心領神會，衝突就這樣一觸即發，兩個人在馬路上各自往兩邊跑掉，真的就是分道揚鑣了。

我要去追誰？那一刻真的腦袋空白，

不到幾秒時間我就想到了一個踩煞車的奇招。我站在原地大叫，看起來比他們更需要被關注，用超級大分貝的音量（確定他們都有聽見）說：「你們怎麼樣都可以，就是不能離開我。」果不其然他們都走回來了，比我還冷靜地在看我，真是太好了，這樣的情境下能讓他們先冷靜下來，不離開我的視線就好，而後就再也沒發生這類型事件了。

需求沒被看見而受傷害

接到Ｙ時，她驚慌失措一面忙著從超商店員手上找零，一面反駁大家對她的斥責。很明顯可以感覺到這三個孩子長期內在挨餓，急喊不公平成了他們馬上會有食物的方法。我沒有馬上回答他們公平的重要，而是請他們先去數一數便利超商的座位是否夠「我們」坐下好好吃午餐，答案是不夠，所以我們只好轉去隔壁的燒臘店用餐。那怎麼照顧其他人結帳落後吃不到超商食品的心情呢？我跳出來說：「Ｙ不然妳等我們餐點都來時再吃，否則我們看了也會好想吃喔！」她大概是覺得沒被繼續圍攻所以馬上答應。

我們的父母提供了溫暖居所、貼於自然原味的食物，滿足小孩一切生理需求，希望小孩因此而感到內在滿足、吃飽的狀態，但是小孩就算感覺到被父母疼愛，也不一定就能像父母一樣愛著同學、同伴，相反地，他們會先經歷不愛別人，只感覺到自己，於是有了自己的作法後再與他人互動，所以他人在他們小小腦袋裡會先簡單地被劃分。

這樣的互動過程裡，孩子的需要沒被看見而不能滿足時，感到受傷的孩子跟植物的反應機制有點像，他們的傷口不會像動物一樣癒合、死掉的細胞也沒有被身體代謝，而是採取「隔離」狀態，用有毒的防禦壁把死細胞包起來，避免這些死細胞變成菌的養分。

如果我們不能理解與陪伴，以為用別人認為的良藥醫治就能幫助孩子癒合，那麼他們終究會變成腐木，就算一陣微風吹來，也能傷到他們。教育者要做的即是維持一個健康生長的環境，這件事看似很簡單卻也很難。

接下學團後，先要了解孩子的身心狀況

嘉璐媽媽這麼說

親師間要建立彼此的信任

以彈性態度培養親師生默契

嗯……「家長是可怕生物」！身為家長，一看到妳寫下這樣的形容，我就笑了！希望我們這幾年的互動，沒讓妳覺得太可怕！

對共學老師來說，妳害怕碰到怪獸家長，而對家長來說，就很怕碰到天兵老師，畢竟會來當共學老師的，幾乎都是沒有受過師資培訓的社會新鮮人，以至於當初我們能碰上妳這樣已經有帶團經驗，當過學團助教的老師，簡直是天上掉下來的禮物。

父母應與老師一同成長

仔細想想，這四、五年來我曾和三位老師交手過，每次的經驗都很不一樣。我想，絕大多數家長找老師，應該都希望能找到有經驗的老師，但我們團碰過的三位老師中，除妳以外都是社會新鮮人，當學團老師是其他兩位的第一份正式工作，當初他們也是懷抱理想，但在帶團過程中面對孩子們各種出乎意料的狀況，現實總是充滿挫折與打擊！共學團本來就不是市場主流，要選擇走小路，就得有心理準備：我們要面對很多未知，心臟必須夠大顆、耐得住煩來逐一處理因應。這麼些年來，我領會了一個原則：兵來將擋，水來土淹，保持彈性，隨時應變。

絕大多數的共學老師都是一張白紙來接下這個工作的，其實，這沒關係，因為我自己當年進入新聞台也是白紙一張，甚至也不是新聞傳播相關科系畢業，就是懷抱一股熱忱開始了我的職涯，所以我一直很願意跟新手老師互動，應該是出於一種想推年輕人一把的心情，我總希望盡己所能地幫助老師盡快掌握孩子們的狀況，期待不只是孩子，老師和家長也能一起成長。再者，我真心覺得，對於一個社會新鮮人來說，學團老師真的是相當艱難的工作。我們當爸媽的在家裡應付一、兩個小鬼，都常常眼冒金星暈頭轉向了，更何況才大學剛畢業就要獨自和四個小鬼奮戰，這比我初入社會當電視台記者還不知道難上多少倍。

記得我們團剛開始運作時，四個小一新生才剛剛結束他們的幼兒園生涯，身心靈都還在某種不穩定的狀態，讓當時的老師一號疲於應付。讓我印象很深刻的，是某次他們師生搭乘捷運外出，進站後老師雖然特別帶著孩子們去上廁所，但是上車後，就在抵達目的地的前一站，一個孩子突然表示「很想尿，忍不住了」，話才出口就真的尿下去了！

事後聽老師一號轉述，我覺得好有畫面感！而如果把大學才剛畢業的我放在那樣的處境中，在台北市明亮潔淨的捷運車廂內，身旁帶著的孩子尿褲子了，我恐怕得要很努力，才能壓下「把孩子丟包自己落跑」的衝動，來危機處理。

給新手老師多點磨合時間

我覺得要經營共學團，家長必須要理解學團在剛開始運作時，孩子年紀都還小，方方面面都還需要照顧，對年輕老師來說壓力真的很大，當初接下共學老師的工作，滿腔教育熱忱理念，想要春風化雨一番，萬萬沒想到初接新團，得處理這些臭小孩吃喝拉撒睡，一方面和孩子們的默契都還沒培養起來，但同時還得面對四個家庭、四對父母，各有意見想法的八個大人（就是妳所謂的可怕生物），常常我們在職場要應付一個老闆就夠累了，學團老師要處理八個，更別說這位老師很有可能還只是個社會新鮮人！思及至此，我真是要立正站好，向所有願意擔任學團老師的年輕人鞠躬敬禮，來表達欽佩之意。

所以，當初學團運作了一學期，還是雞飛狗跳，就有兩家決定撤退，四家少了兩家，等於陣亡一半，學團馬上就面臨存亡關鍵。就在某個週末，我和老公為此臨時動議跑了一趟，和當時的老師一號約在她住家附近咖啡廳懇談，談著談著老師也為了帶團以來累積的強烈挫折而掉淚，但當時我們身為學團的主導家長，只想讓她知道：只要妳對這個工作還有熱忱，還想繼續，那我們就願意幫妳，我們一起走下去。後來，老師一號熬過來了，她又花了一個學期的時間穩住了留下來的兩個孩子，和他們培養出默契，我們才又開放學團再找新學伴加入，這次很快地又補足四人，我們團從此再也沒有碰過孩子人數不足的狀況。老師一號在我們團帶了近兩年，直到她另有職涯規劃才離開我們，我希望不只對我們來說，對她而言也是蠻有成長和收穫的兩年。

・給家長的暖心建議

由於有經驗的共學老師太難尋得，在找新師組新團的過程中，建議家長抱持稍微寬鬆有彈性的態度來看待新手老師不如己意的部分，給新手老師多一點時間去跟孩子們磨合，培養出屬於他們師生間的默契。學團能否穩定發展，家長給老師的支持和信任絕對是重要關鍵。我一直很尊重學團老師的帶團自主性，每次有其他家長和我溝通想法，或者學團要改換基地、是否收新生，只要有任何變化，我一定會先徵詢老師的意見，對我來說，家長不是學團的「老闆」、老師不是「雇員」，親師之間如果是把孩子當作核心，以「協作夥伴」來彼此定位，不只有助於學團健康發展，其實也會讓家長跟老師都同步成長。

于瑄老師那樣說

大家都是合作好夥伴

觀察與分享是最好的陪伴

從前人撤退路線來看，要維持健康的生長環境，就不能單靠一方努力，我想，需要三方合作——小孩、教育者、父母，缺一不可。

合作甚麼？簡單地說就是協助彼此成為完整的人。父母想像出美好的生長環境，把孩子像種子般放到土裡，教育者順著種子的生長特性照護，耐心等候時機，在他們想要俯看土地時，給予根的連結、支持他們獨特表達方式，於是開展了我們每學期做的學期計劃。

假若教育者不能好好思索教育的本質，把教育當教化工具，那永遠有一方受累，夾在中間的人更是辛苦。我想妳朋友那一團的老師正是在這樣的處境下鬧得不歡而散，人總有看不見的盲點，但是有沒有空間、餘韻讓自己去轉換角度，比帶著「潛能開發濾光鏡」還重要，畢竟共學是長時間和人相處，很快就會發現濾鏡認可的某一種「好」，只是供給外在檢視的眼光，卻看不見孩子求救訊號、看不見父母無語的沉默。

我非常幸運，遇到一群願意觀察小孩的家長，並且不吝與我分享他們對孩子未來的想像，讓我可以好好陪孩子。

意見不合還是要有夥伴意識

我很尊重小孩的父母，以及我的助教人生經驗，只是偶爾還是會和自己的價值信念牴觸，父母同樣也會有這樣的時刻，而最好的作法應該是以「孩子的利益」為最大考量。最近發生一件事，團裡的Ａ小孩忘了帶家裡鑰匙，於是我的助教幫忙想了一個辦法說：「不然我們改用Ｄ小孩家當基地。」這時候Ｄ小孩說他不喜歡Ａ的妹妹去他家，我請助教去詢問Ｄ不喜歡Ａ妹妹的原因，難道是她會破壞家裡東西但我們不知道？想不到，我的助教告訴我：「Ｄ覺得Ａ妹妹很煩，不想讓不喜歡的人來自己家。」

我馬上提醒了助教，我們該做的是幫助Ｄ小孩了解不喜歡但還是有個位置給對方待，像是共同找一個公共空間等等，並且向Ｄ保證沒經過他的同意不會闖進他的私人領域。但助教卻覺得每個人對自己空間界線的感受不同，有些人覺得家是很私密的，所以她不想介入。我沒有放棄跟助教溝通，所以換了個說法希望她明白「意見不合跟關係是可以分開的」，意思即是：「我雖然不喜歡你，但我們還是共學夥伴。」我覺得這個時

候站在支持、保護小孩的感覺不是好事，因為當他下一次又遇上不喜歡的人、事、物時又會逃開，那麼這件事就只能無解。

從挫折反應引導出獨特性

很快地，隔天D小孩的媽媽跟我說D不想參加學團、不喜歡學團明天的活動，媽媽客氣地想了解原因。於是在我休假期間拜託助教先幫我觀察D小孩在做活動時，是不是有特別想逃走、不能在「活動裡」找到其他樂趣的感覺與行為，比如說爬山時會去找蟲、捏一些奇怪形狀的麵條，因為這樣才能知道D是被擋在自己不喜歡的感覺裡，還是不能享受活動過程中細微的樂趣。

再想一想，這也和教育者自身的狀態很有關，那些被教育者歸類為負面特質：

2|1
1. 觀察與分享是最好的陪伴
2. 要花時間觀察小孩的反應

不能不會、不能失控、不能依賴、不能沒有自己的感覺等等，很可能是教育者正在經歷的人生功課，因為知道大家都在這條路上努力，也就自然地生出了包容心。

小孩還不想努力也都沒有關係，當人感覺被溫暖接納了，很神奇地又會再恢復動能，長出新的力量。我個人比較奇怪的地方是，不太會刻意追求小孩的笑容而多做甚麼，因為對我來說開心很容易，給予足夠感官刺激就好了，反倒是會花很多時間、精神去觀察小孩人際上遇到挫折與困難的反應、適時引導，因為人的獨特性是從這裡長出來的。

嘉璐媽媽這麼說

教育現場的監視器

能繼續走下去的信任與默契

在學團要建立妳所謂的合作夥伴關係，信任很重要。在每天處理的新聞事件當中，發生在校園內的糾紛見報率愈來愈頻繁，不管是親師之間、師生之間或學生之間，彼此稍有不快，拿出手機拍上一段，或把監視畫面調出來，轉手間傳上網路、靠北公社等各種爆料社群，接下來記者跟進發新聞，舉國皆知。

近幾年來有好幾起重大案件，都是循著這樣的途徑，在全國範圍如星火燎原般，極短時間內就獲得極高關注，這樣的效應為還不會說話、無法清楚表達的學齡前嬰幼兒，建構出社會輿論監控下無形且龐大的安全網，但是如果延伸到了教育場域時，成為架在教室裡的監視器，會怎麼隱隱牽動著鏡頭下老師與孩子的互動呢？我覺得這是蠻能探究的話題。

在沒有告知下被「看」著

「監視器」反映出了現代社會裡，人與人之間越趨不信任的關係，在共學的活動場域中，我從來不曾想過要有監視器的存在。學團初期，是由各家輪流開放家庭一個月當作學團基地，輪到我們家當基地時，即便學團活動時間我和先生都在上班不在家，但我還是可以從老師帶著孩子使用空間後留下的蛛絲馬跡，再比對自家孩子言談間透露出來的訊息，就能掌握學團在家裡的空間使用狀況，以及老師都怎麼帶團的，因此，在各家輪值當學團基地期間，我從沒想過要在家裡裝個監視器。

不過，當時有個家庭就比較小心，在基地輪到他們家的那個月，就在家中角落安個鏡頭，也好意通知其他幾家登入帳號密碼，好奇之下，我確實曾遠端登入幾次，看了師生互動沒甚麼異狀，之後也就沒怎麼再遠端監看了。雖然我不會在家裡裝監視器盯著學團，但對於其他家長開放家庭的不同思考點及作法，幾本上我都是尊重的，反正基地一個月就會換一家，能夠認知到其他家庭對於學團運作的不同想法，於我而言其實都是一種學習與經驗累積，總是好的。

直到有一學期，團裡有新學伴加入，其家長因為工作關係，好意提供她所服務的補習班教室，無償讓學團作為固定的活動基地，老師、家長們簡單討論後，覺得這基地離學校很近，也沒甚麼不好，就落腳了，不過只待了一學期，就在雙方都感覺很不自在的狀況下，基地很快就搬離了補習班。為甚麼不自在？其中一個原因，或許就是掛在補習

刻意讓孩子經歷麻煩與辛苦，是一種生活經驗的累積

班教室天花板上的四支監視器。

當初在使用這個基地時，我們都沒想到這裡有監視器的存在。直到一次，孩子回來反應，他們過去像是畫白板等尋常的活動遭到這個補習班的老師制止，我們才發現學團把門關上在教室內進行的活動，補習班人員在櫃台會透過監視器看。站在補習班的立場，為了避免學團借用場地使用不當，以至於孩子受傷或硬體損害有責任釐清必要，監視器是絕對合理的存在，但在沒有告知學團老師和其他家長的狀況下，學團活動卻都被監視記錄，這就破壞了我們團裡親師間的互信基礎。

教養理念差異影響信任感

經歷了這一次，我深深體會親師間、家長間的互信，是共學團能否成功經營的關鍵。這個新加入學團的家庭，對於我們這個運作好幾年、已有固定模式和默契的學團，多次表達出不信任的態度。例如，學團因為相當頻繁的外出行動，常常又只有一位老師帶著，因此孩子們也被教導要注意安全，並且養成彼此照應的默契，但新生家長卻認為需要再有一位老師能壓陣在隊伍後方，因為不信任老師在前頭領隊帶著孩子走在路上的安全，所以這位家長不時會在孩子們放學必經路線上出現，「幫忙看一下」，甚或不放心在速食店老師自己去點餐，放著孩子們在座位區稍等，也會主動提議他可以幫忙先訂餐，類似像這樣的好意、幫忙，其實都透漏著訊息：不信任老師跟孩子們能夠自己搞定。

後來我也發現，這種不信任，追根究底還是因為教養理念的差異。這位新生家長相當重視孩子們跟著學團外出時的安全，而這也絕對是我們所有家長同樣在乎的，差別在於，我們認為孩子在小學的年紀，必須要學習為自己的安全負責，所以他們也要自己注意左右環境、也要和學伴彼此看顧，老師跟著適時提醒即可，不用一頭一尾領隊壓陣，但這位新生家長始終認為還是需要有個大人，在隊伍後方盯著以防萬一。這樣的差異無關對錯，就是不一樣，但這種不一樣，卻自然導致了不信任，以至於這個家庭在我們團裡只待了一個學期就離開，大家也都不覺得意外了。

多年前我也曾碰過另一位媽媽，當時和她分享我們學團的活動日常時，提到現在都市裡的孩子每天從家裡到學校、從學校到安親班、從安親班返家，常常是家長或老師點到點的接送，沒有過程，孩子沒甚麼機會自己搭車，但在學團不管颳風下雨，孩子們都

1｜2　1. 沒有點到點的接送，就是希望孩子自己經歷路程上可能碰到的風雨　2. 風雨中返家都靠自己

是跟著老師搭車通勤，除了日常的公車、捷運，跑遠一點也會搭客運或火車，我覺得這樣的過程對孩子來說是好的，也是一種生活經驗的累積，而這位媽媽當時雖然聽得點頭稱是，但後來她並沒有讓孩子入團，她跟我說：「現在天氣還好，但再來進入冬天，天候狀況不好天冷下雨甚麼的，孩子還要自己搭公車，想想還是算了！」我心裡有些驚訝，因為我刻意想要讓孩子經歷的麻煩、波折和辛苦，卻成為其他家長選擇不讓孩子入團的原因。這次的經驗讓我留下深刻印象：別以為自己覺得好的，別人也會認同。尤其關於教養，同一家庭中父母兩人都常常意見衝突，更何況是彼此不認識的陌生人。所以我總會在有家長表達入團興趣時就盡量清楚地介紹，避免對方抱著高期待入團，卻滿心失

望甚至讓孩子心裡帶著傷離開。

・給家長的暖心建議

「道不同不相為謀」放在學團的人際互動中，其實也很適用。當初為了組團成功，湊足人數是首要考量，可能還沒有細想幾個家庭對教育想法的異同，但在學團運作的這五年時間，好幾個家庭來來去去，我發現最後要能穩定留下來，家長們最好還是有相對一致的教養理念，或者至少是有彈性的教養原則，否則四個家庭各往東南西北四個方向走，再加上老師對於怎麼帶團也會有自己的想法，學團很容易就會因為家長或親師間的理念差異而解散。

以我們學團來說，家長們的共同點就是我們都還蠻「放手」的，各家對於學團要怎麼帶孩子，或許都有各自的想法，但拿出來討論時，僅止於給老師建議，並不會堅持，這樣的彈性，讓老師帶團能更有自主發揮空間，這是老師所需要的，來自家長的信任。但當然，如果帶團老師真的常常出狀況以至於家長無法信任，最好就是盡速換老師，缺乏互信的親師，共學團是絕對走不下去的。疑人不用，用人不疑，就是這樣。

于瑄老師那樣說

發生了一起「霸凌」事件

透過溝通與同理心來修復關係

和新生L家長比起來，小孩B家才是最讓我感到不可思議。小孩B的父母是我跟大家面談一個月後才加入的，也就是說他們完全不認識我這個人，就要把小孩給我帶，面談過程中還不囉唆半句。他們怎麼敢啊？我也沒問就自己解讀他們有強心臟。後來我觀察他們並不是因為工作忙就疏忽對小孩的照顧及教育，學團進行課程的第一個月，B媽媽只要有空就會上樓看一下B跟其他小孩的互動狀況，另外，也能從B身上看到B父母給小孩穩定的生活節奏、吃營養的食物、每天下課準時接回家。

調閱監視器的原因

即使一開始B顯得內向、不多言，我和B媽媽也是想著怎麼協助B能自然融入團

1|2 1. 不敢把腳伸出去的小孩 2. 在同伴的鼓勵下，勇敢跨出第一步

體，隱隱約約牽起了親師合作的線。有一次閒談的機會，我好奇問了B的爸爸：怎麼放心讓剛升二年級的B跟我去屏東親近山林，不怕會危險嗎？B爸的回答讓我知道自己在多想。他說他是低風險承受者，一定會做最壞打算，走阿塱壹古道會發生的意外他想過後覺得沒甚麼。

言下之意就是B若真的不幸發生意外，B的爸爸也相信我能處理妥當，我從他身上看到一個真正的務實者，不是有多守舊而是能審視自己的思想、觀念如何形成，再下決定，那麼學團運作起來也就不偏離實際可行的情況太多。

我也一點一滴在體會，親師之間互相信任與彼此尊重的限度。所以我接受基於安全原由，讓新生L父母在我們外出期間不定時訪查，甚至在我請假時側拍小孩活動狀況讓我了解；我也相信經歷「小孩畫白板」的監視器事件後，他們說「沒事」不會去調閱監視器。不過那次他們氣急敗壞的來找我，說這次狀況不一樣，透過玻璃門看到自己小孩被排擠了很難過地在哭泣，他當然心急又心疼，回家後問小孩也說不清楚，他們才會去調閱監視器試圖還原現場。

處理「霸凌」，先喚起同理心

事發當天的傍晚，我就從代課老師口中聽出來她處理得不好，讓小孩間原有的互動模式浮上來，演變成一對多的衝突，我一聽到事情經過也只能自己先檢討，沒看出這位代課老師對人沒有敏感度。忙完手邊的事後，我趕緊先關心孩子回家後的狀況，並跟媽媽解釋今天的事是特例，請她寬心；再從媽媽的角度給予她一點實質建議，多擁抱、專注地陪伴L，幫助孩子從較弱的一方轉變成掌握自己生命的強者，但是媽媽因著防衛機制馬上就回絕了。

隔天，L的媽媽跟我約見面，她看起來非常疲累，接著就拿出手機給我看昨天監視器拍到的畫面，其中幾個關鍵時間點的片段：小孩被推肩膀、被侮辱是大便等，這些她都記得非常清楚，可見在我來之前她已經不知道傷心難過多少遍了。我看她陷入自責難過的情緒裡，我也很難過，想著就陪陪她吧，如果能讓她暫時卸下媽媽這個重擔，回去之後可能可以更輕鬆面對小孩，事情也才有轉機。當下我允諾她會好好處理，不再讓這類事發生。

後來我是怎麼處理的？首先，我召集全部小孩過來，聽一下那天在場的孩子怎麼說明事件的發生與經過，接著換我說後來我看到的影像，並提醒他們這些片段若是上了新聞，就會被社會輿論批評是「霸凌」。於是我順便問問看他們知道甚麼是霸凌嗎？這時候就要讓小孩自己說，主事者就會意識到自己的行為已經迫害到他人，自己主動意識到事情的嚴重性，會比我們幫他貼上霸凌標籤還重要。我希望處理這件事前要先喚起他們的同理心，知道被霸凌、被排擠的過程很不好受，因為他們每個人都有過這樣的經驗，所以很快就能同理、明白了，像Y以前也曾被澄排擠，B剛進學團就被Y討厭，耘也有被杰和Y聯手欺負，更別說是杰了，他以前在班上就有類似的事件發生。

釐清孩子討厭他人的原因

之後，我請他們說說看自己當時的感受。有人說孤單、想哭、生氣、不想來共學，於是我順勢告訴他們這些不好的感受，就是那天那個小孩的感受。大家都有了這份心情、感受，我們就再往下談。接著我請他們說一下為甚麼不喜歡那個小孩？（談論當下本人不在場）我還沒問出口也能猜到他們會說那小孩「很煩」、「裝老大」、「駝背走路很奇怪」等。有這些清晰的答案是要幫助小孩們釐清事件起頭的原因，於是我試著講看看大家會說他「煩」的原因：「是因為叫他走開時，講不聽，才這樣說嗎？」我再替那個小孩向大家解釋：「他的習慣是別人叫他時要先叫名字，而杰當時沒有，所以他會覺得你沒有禮貌，就像在命令他，你們之間的衝突就產生了。」另一方面我也請小孩們想一下，甚麼時候需要先叫人名再說話？這個小孩是不是比較不擅長跟同年齡相處、聊天？但可以感覺到他是想靠近小孩們的對吧？

於是我繼續向他們說明、引導進一步的思考：「我說這些也不是要大家就配合他，而是你們要知道世界上就是有這樣習慣的人，當你們能給他一點空間進來跟你們聊天、對話，習慣以後，就不需要再叫人名了。當然你們也可以跟他說：『某某某我想跟你聊天，但是我不想一直叫某某某，這樣很累。』我相信他聽得懂。」

工具的存在始終就是為了修復人與人之間的關係

解決「煩」這件事之外，還有人提到他「裝」老大。而除了這個小孩以外，我再讓小孩們去思考自己周遭還有甚麼人也會裝老大？「裝」其實是一件很累的事情，想一下他為甚麼要「裝」？是不是他不熟悉這個團體？當人在團體中找不到位置時，裝老大一定是最安全的。

這樣談論下來，小孩們討厭他是因為他的「行為」而非他這個「人」吧？如果大家想不到怎麼幫助他，可不可以先做到「不嘲笑人」呢？如此漸進式地引導下，孩子們一下就同意了。於是我再繼續拋出問題：「那這樣我想他駝背也是因為對自己比較沒自信吧？」善良的耘馬上接話說：「有誰想要駝背？這樣走路很辛苦，我們應該要幫助他。」

多花心力溝通與反省

事情告一段落後我開始在想，為甚麼這對新生父母寧可去看特定時間點上的監視器畫面，也不願聽進我或代課老師在教育現場看到的「整體關係」呢？而回頭去看監視器畫面的這個動機其實蠻有趣的，值得我們去想想。回想自己過去需要看監視器畫面的時刻，不外乎就是「怕（人）出錯」、「要抓兇手」，所以如果看監視器是要抓出兇手，再期待老師的角色是馴化人，我是完全不同意這作法。我認為隨處都可以是教育現場，不管在基地內還是基地外，每一個小孩都能犯錯，老師也有學習的空間，最重要的是事後反省、溝通和討論，這些才是教育的意義。

但也沒必要把科技產品（監視器、定位手錶、手機、平板、電視等等）當作敵人來看，因為這些工具讓人類得以跨越時空限制，增加更多的交流與便利性，不過同時我們也得承認人與人之間建立的連結、交流、對話變得更困難了，基於這樣的緣故，我們真的要花更多心力、積極邀約，把人帶進來一起互動。在學團裡我沒有禁止小孩使用手機、定位手錶，但我會從旁觀察他們拿出來的頻率，可以知道他是不是融入在這個群體裡，若不影響互動與交流，又為甚麼不能使用科技產品呢？回到起點，工具的存在始終就是為了修復人與人之間的關係。

嘉璐媽媽這麼說

當學團裡的孩子打架

在衝突中學習同理

提到了那次的「霸凌」事件，就來聊聊孩子們在學團的衝突吧！Y、K姊妹倆在家，沒有一天不吵架（精確一點地說，應該是每半小時就會吵一次）。我想，學團的孩子們應該也是這樣每天吵吧！

家長需好好面對孩子間的衝突

在共學團，孩子們發生衝突是常態，這麼幾年下來，妳應該也被磨出了一套處理模式，我總是希望孩子能在彼此間的衝突過程學習人際相處，傾向放手讓老師帶著孩子們自行內部調解，但衝突有大有小，吵架、打架也屬不同層次，如果已經長期持續地發生，甚至成了霸凌，處理起來就又更為棘手，所以我常常思考，到底孩子間的衝突要到怎樣

1|2 1. 團裡最資深的兩個孩子，風雨中也是一起走過了 2. 學期計劃後的學團聚餐

的程度，才需要家長介入？這界線要拿捏得宜並不容易。

共學團在成立之初，四個孩子的打鬧衝突其實不算厲害，但接下來的那個學期，只有Y和耘兩個孩子，一對一廝殺卻鬧得兇，偏偏我們夫妻和耘的爸媽平日就交情頗深，兩家人都在同一間教會聚會，也常常會約著一起出遊，看著兩個孩子對彼此都愈來愈有情緒，我們兩家的大人們私下該怎麼相處？還要常常約不對盤的孩子們出來一起玩嗎？兩個孩子每天都在學團鬧，要視而不見讓他們自己處理？還是應該跟耘的父母聊一聊？怎麼聊才不傷了彼此交情？

我每次聽著Y回來抱怨轉述，甚或親眼目擊耘怎麼帶著怒氣出手，心疼地看著Y一個小女孩面對高她半個頭的耘的

1|2　1. 給孩子培養彼此默契、感情的時間　2. 學團出遊聯絡感情

爆裂式攻擊（Y當然也會回手但實在不是對手），心裡都很掙扎，而這樣的掙扎，我想耘爸耘媽也有，畢竟我們都是各自聽了孩子回家的轉述，從自家孩子的視角來了解他們之間的衝突，自然會把自己的孩子視為是受到委屈的那一位，我們會想讓對方知道「你的孩子讓我的孩子受委屈了」，但又希望朋友還能當得下去。後來，我們還是談了，並不是四個大人慎重其事、面對面坐定的那種談法，而是在一次教會的主日聚會後，我們一如往常的話家常，不知怎麼就開始聊起了孩子間的衝突，過程中雖然有些隱隱然的尷尬，不過我很珍惜我們家長之間能有這樣的坦白。

驚動大家的「霸凌」事件

在這次的溝通之前，我只看到了Y怎樣被耘踹打，而在溝通之後，我才注意到在發生肢體衝突之前Y對耘的言語刺激。於是，我開始有意識地跟Y聊，語言攻擊所帶來的是肉眼看不到的傷害。「你們這樣打啊踹啊，身上會痛，但是這樣的瘀青過幾天就好了，可是妳知道嗎？講話去刺激傷害人，那個受傷不像身上的瘀青看得到，但是那種在心裡的傷可能到你們長大了，好幾年的時間都好不了，有些人甚至會痛一輩子的，比起身上的傷，心裡的傷常常才是傷得更深、更厲害。」當然，當時才低年級的Y聽了也無法立刻吸收理解、改變行為，他們倆的衝突還是持續了一段時間，不過到了妳接手這個學團時，隨著年紀增長更懂事的兩個孩子，相處狀況已經進步很多了。至於妳提及的那次「霸凌」事件，應該是學團成立以來最驚動家長們的一次。

即便常常聽孩子們回來報告（告狀）說誰又跟誰吵了、誰打了誰了、誰又在團裡哭了，但我從沒想過在學團裡會出現「霸凌」的狀況。受委屈的孩子是才入團的小一男生，而帶頭以言語嘻笑作弄他的孩子，剛好也是他小三哥哥的同班同學。事發當時，不巧妳請假，代課老師不夠認識孩子們，也不知該怎麼處理而導致事態擴大，調解的方式讓當事人家長很不以為然。由於當時的基地就在裝了監視器的補習班，當天晚上，聽說就是雙方家長盯著小小監視器畫面責問，發生這樣的場面，當然雙方心裡都不大舒服。

給孩子磨合、相處的時間

我當天回家聽孩子轉述後，先打電話給妳了解狀況，隔天也和兩位媽媽都分別通了電話。惹事孩子的媽媽，忙著跟對方賠不是的同時，心裡也有很多無奈；至於受委屈的一方，媽媽心疼孩子，在電話裡語帶哽咽，說她覺得孩子就是被「霸凌」了。聽到這兩個字，我心裡嚇了一跳！原來孩子玩過頭的嬉鬧，對這位媽媽來說，事態已經這麼嚴重。至此，兩家家長偶爾因為接送孩子碰到面，但似乎連點頭致意都免不了尷尬，不只受了委屈的孩子在該學期後離開學團，甚至影響到他的哥哥和惹事孩子（兩人是同班同學），往後在班上的相處都有些狀況。

在共學團裡，幾乎每學期都會有新生，而每次新夥伴的加入都會為學團孩子們的人際互動帶來微妙變化。像是學團初期在經歷波折後的重新調整，加入的第三位孩子是澄，因為是個性穩定冷靜的孩子，每次Y、耘又開始吵起來，澄總會不急不徐地吐出一句：「這有甚麼好吵的？」讓原本浮躁的兩隻快速安靜下來。其實，不管是新生要融入既存團體，或舊生要接納新夥伴，孩子們都需要一些彼此摸索磨合的時間。發生衝突之後再調整，接著又有衝突又要再調整，這樣的循環就是學團孩子們培養彼此默契、建立學團規矩的一種途徑。如果熬不過孩子在學團裡的衝突磨合期，以至於沒有看到之後的「共學共好」，我是覺得有些可惜！

・給家長的暖心建議

面對孩子受委屈了，家長要冷靜地袖手旁觀真的很難，尤其學團內的衝突持續且加劇時，家長們要怎麼處理才不傷和氣，學團也不會因此產生裂痕以至於無以為繼？以下有兩點建議。

家長之間要有共識

要參加共學團，家長要有「共學共好」的認知，學團裡的孩子，某種程度都要當成是自家的孩子，所以當孩子發生衝突時，基本上盡量不以「你的孩子怎麼可以這樣對我的孩子」的思維來處理，而是以「不管是受委屈的或欺負人的都要在衝突過程中有所學習」的角度來面對，就好比在家裡父母處理手足間的爭鬧一樣。

經營學團內的關係

人際關係像存摺，若要為虧損預備，平日就要積存。Y和耘鬧得厲害的那陣子，是真的像在演武打片一樣，出手絲毫不留情，而我們兩家的家長能坦率談論並且各自回頭引導自家孩子，正是因為我們兩家本來就有交情。所以我會刻意安排學團家庭一起露營、聚餐，甚至也邀請老師同行，建立家庭間的情誼。我們團裡的幾個家庭，不管大人小孩（即使是沒有加入學團的手足），都對彼此有一定的熟悉度，因為跟各家的孩子都相處過，所以能大致掌握每個孩子的個性，當孩子們發生衝突時，也才能引導自家孩子從同理對方的角度去認知衝突，帶著孩子學習如何和不同個性的人相處。

于瑄老師那樣說

在衝突事件裡練習溝通

用範例引導孩子理解他人

學團第一年，小孩間的衝突、吵架幾乎是常態，每個都還像原始人一樣強悍，但偶爾還是會有手牽手抵抗外侮的時刻，比方說去公園遇到了小霸王，團裡的孩子們就會一起合擊。我並不覺得衝突不好，或一定要出手制止，反而會鼓勵他們在衝突事件裡練習溝通，說出自己在意的事讓對方知道，再一起想想怎麼辦。我們還有辦法再往前嗎？不能也沒關係，至少做到能同理別人的困難。

這樣一而再，再而三地練習，小孩對彼此就有更清楚的認識，也就能夠尊重、不冒犯對方。

接下來我想將團裡幾個孩子的面貌描述出來，或許可以協助我們重新看待衝突，而不只是思考解決衝突那一刀究竟要劃在哪好。

誤會得在第一時間說清楚

耘四肢修長，喜歡有節奏的東西，並擅長在水下移動；杰全身力量集中在胸腔，很有感受，樂於表演，偶爾會進入悲劇迴圈；Y有一雙透亮靈活的眼睛，喜歡分享和嘗試新鮮事物，有時會把跟她意見相反的人解讀是不喜歡她的人而奮戰到底。

有一次，小孩們跑進電梯，站在最後一排的耘不小心壓到杰的手，兩人一開口就發現彼此語言根本不相通，愈說愈氣，竟朝對方吐口水，吵得不可開交。出電梯後，杰大叫：「我現在、立刻、馬上就要離開，耘真是太沒禮貌了。」不過他還沒走到門口就被我叫回來了。

杰：「剛剛是耘先故意壓我手，故意的！」

我：「耘，你是故意的嗎？」

耘：「我沒有！」

我：「我也覺得你沒有！剛電梯裡都是人，兩個人都站得歪歪，當然會發生這種事。只是你沒有馬上跟杰道歉，態度還一副理所當然的樣子，杰當然會生氣啊！待會你可以還他一個道歉嗎？」

我：「耘你如果不是故意的，一定要馬上告訴對方，否則對方會認定你是有意的，誤會就產生了。」

我又舉了一個昨天發生的例子：「像我昨天不小心踩到杰的腳，也是馬上就道歉啊！杰就看了我一下，也沒生氣說要揍我啊。」

這時，杰開始要翻舊帳了，說之前好幾次耘都惹得他不開心。

我：「杰，我們現在只針對剛剛在電梯裡發生的事。而且我希望每個人都先檢討自己，如果耘有做不好的，我會跟他說！你也是！希望你們都學起來。耘做不好的地方，下次也可能換你啊。」

耘說了一百個「不要過去道歉」，我則一遍又一遍說這件事沒有很嚴重，一定要學起來。「給你三分鐘，好嗎？」耘準備一下還是過去跟杰道歉了，他嘴巴含糊吐出幾個字，就把頭轉過去了。顯然他並不習慣開口向人道歉。

杰：「我不接受！」

我：「耘你做得很好，但是可以請你看著對方的眼睛確認他有收到嗎？」

杰：「我還是不接受！我根本就是個受害者！沒有人道歉是這樣的！」

我好奇追問：「那你希望耘怎麼跟你道歉？」

杰：「要像我爸媽教的一樣。」杰邊說邊低頭彎腰，成鞠躬狀。

我：「杰你真的都是這樣跟別人道歉？每次捉弄Y也是？」杰不說話了。

我繼續說：「道歉沒有一定的方式啊，你們可以自己協調彼此都舒服的方式，只要別用錢和暴力處理就好，像是可以請耘借你玩具？玩五分鐘？或是他的點心給你一口？幫你背書包？」

杰沒有想太久：「點心分我一半！」

我：「耘你可以接受嗎？」

耘：「一半太多了！一半再一半！三口？」

杰也很乾脆：「好！三口！」

對方能接受的才是道歉

還有一次，耘故意在廁所門下偷看杰上廁所，杰非常生氣，馬上跑去找說話最有分量的老師做主。我問耘打算怎麼處理？耘也當著大家的面誠懇地跟杰道歉。

杰：「我不接受！他每次都這樣！先打我再說對不起就好？」剛剛不是偷看嗎？怎麼變成打了？

我：「我也覺得這件事不是道歉就好，要是我被偷看，以後一定不敢再上廁所了。除了道歉外，耘得再想想讓杰感受好一點的方式。」

這時，杰先開口了：「你給我當一百天國王，我說甚麼都要聽！」

我出面提議：「幫忙捶背嗎？」杰搖搖頭。「如果是要耘撞牆頭破血流這種會傷害身體的，我就不同意了，因為我要保護你們兩個，維護兩邊和平。杰你要不要再講清楚一點？」

杰：「那一輩子不能打我。」

2｜1　1. 投票支持想看球賽的孩子，也是表達歉意的方法　2. 在衝突中不斷練習彼此尊重

我：「我覺得你們兩個玩和打的界線常常分不清楚，老是玩一玩就打起來，不好。對了！我們這週五會重新討論學團行事曆，我知道杰很想去看棒球賽，耘你要不要助他一臂之力，讓他多得一票，順利去看棒球？」

耘爽快答應：「好啊！我給他兩票也可以！我們一人能投兩票嗎？」

我：「杰你可以接受嗎？」

杰很快就點頭了。

讓孩子自己開口協商

另外一次的衝突是發生在公車上。我還沒走到位置就看到Y和杰在爭奪座位。Y激動地說：「瑄老！剛是我先來的！杰一直要跟我搶！」

杰生氣地說：「沒有！是我先來的！她走了又沒有要坐！」

於是，我請他們都離開座位，讓後面的乘客可以入坐，並把他們帶到後面較靠安全門的位置，認真聽他們

講到底發生甚麼事？兩方陷入各說各話的情況，又再引起對立。

我繼續問：「剛剛是排隊上公車沒錯吧？那是誰先上來的？」

Y：「是我啊！杰突然超車不讓我坐。」

杰：「沒有！是她在刷悠遊卡。」兩人無限迴旋的重複以上對話。邊吵還邊看向我，眼下意思就是要我選邊站，幫他們擋下來。但我不打算這麼做，因為如果直接介入，今天這個衝突就沒意義了。

這時，另一個小孩轉過頭來說：「我剛有看到是杰用手卡住不讓Y坐。」破解僵局的，往往是旁觀者，就這樣，杰無語。

釐清關鍵以後，我跟Y說：「以後再發生這種情形，妳可以換另一個位置坐，等我上來再跟我說！我會處理。這次妳硬搶有搶到嗎？」

Y：「沒有！」Y看著已經入座的人。

我：「沒事了，妳趕快去找個位置吧。」但此時，杰還是頭髮直豎，怒火中燒。

過一會兒後，我才說話：「杰你今天玩鐳射槍開不開心？剛剛在裡面大家玩得這麼開心，我有點不能接受這樣的結局。你先想一下你在生氣甚麼？沒坐到椅子有這麼生氣嗎？還是你只是想讓Y體會到自己剛在路上被插隊不好受的心情，現在抓到機會要讓她知道？」

杰沒答話，但可以感覺到他情緒慢慢平復，雖然嘴裡不停碎唸都是Y的錯。我沒有再多說話，因為我知道剩下是杰的情緒功課。

學習感受需求與理解他人

分享了這三次的小孩衝突，不知道有沒有發現我沒有順著孩子們的意，變身成一位公平正義使者，去抓出誰先吐口水、直接處罰惡作劇者或是斥責插隊的人，目的無非是要讓一方稍微好過，但除此之外，衝突中的兩個孩子還學到了甚麼呢？那就是「公平」隨時會不見。既然知道沒有絕對的公平，還有需要我們再示範怎麼

學團裡的孩子相處密切，衝突是日常

分配公平嗎？等著有一天他們自己絕望嗎？那麼，究竟怎麼處理衝突才有意義？

我希望透過說出孩子真實的感受，引導他們一次又一次地學習表達自己的感覺和需要，偶爾老師也會感到心累，無法將孩子從權力壓迫的循環中拉出，但就是盡力不用權力去控制他，以免加深更多的傷害與憤怒。當我們看到有一方願意開口道歉，就給了雙方空間去找平衡點，這時候其實他就已經有能力處理衝突了，剩下就是協助他更細緻地去理解人的差異。所以不管我看向誰，都懂每個孩子的感受，在這個出發點上開口說話，孩子們才會鬆軟下來。

因為求公平，而讓孩子失去跟其他人溝通、協商的過程，那很可惜的，也就看不到每個孩子身上獨特的氣質以及表達方式。儘管我還是覺得自己介入太多了，也不打緊，至少往集合方向前進一點了。

但若衝突發生在家裡，就不建議父母在孩子們面前像法官一樣「介入」，裁判誰對誰錯，這樣很快就會發現不管怎麼做都不對，因為永遠有一方不開心，還可能埋下手足間更多爭吵的導火線。或許換一個角度、一種想法，是不是可以藉由這次的衝突，看見孩子背後的需要？難道是我們陪伴的時間變少了？生活節奏變得急促？還是孩子身體不舒服？有其他壓力來源？這就需要跟孩子更多對話，才知道吵鬧情緒下的真相。

Chapter 03

創意無限延伸的教案

教育不一定得待在教室裡，學習也可以很放鬆，
這一次，由孩子自己動手設計活動，
天馬行空的創意與團隊合作，讓孩子在遊戲中快樂成長，
更是家長樂見的共學環境。

于瑄老師那樣說

學期計劃：爬山家庭日

孩子在大自然沐浴下成了老師

蟬聲催促，小孩們花了一個學期醞釀的學期計劃終於來了。一開始要準備發想這個計劃時，孩子異口同聲表示希望爸媽能來參與，那要帶他們做甚麼呢？只來爬山嗎？杰提議我們可以在山上拍搞笑影片做宣傳；耘說可以帶爸媽玩闖關遊戲，他可以幫大家蓋章；B聽到後也表示同意。不知不覺，討論從踩到香蕉皮開始圍繞在整爸媽，計劃很快就有了方向。

孩子在遊戲裡成為老師

為了準備這個爬山計劃，我們去了幾個地方場勘，最後選在福州山公園。每次下山都會帶走一些落葉跟枯枝，以便回去有材料可以製作假昆蟲，於是，發展出了第一關遊

1. 用電腦做出昆蟲剪影圖　2.3. 製作闖關卡　4. 圖書館找昆蟲資料

戲「昆蟲找一找」。遊戲開始時，爸媽會先拿到一張昆蟲剪影卡，若在三棵樹範圍內，找出我們預先藏好的假昆蟲，即可得到印章貼紙一枚，前往下一關。

第二關「昆蟲小教室」是由小孩向爸媽介紹我們在爬山路上遇到的昆蟲，有彩豔吉丁蟲、蚱蜢、豹紋蝶、薄翅蟬以及荔枝椿象，再從這些內容裡出考題，爸媽要舉手搶答，答錯者則要撿十片葉子。

說起替父母上課也不是那麼簡單的事，甚麼都不知道的我們，只能粗略地先從昆蟲外型判斷科別，再去圖書館一頁一頁找出牠們的身分，像我們一般認識的荔枝椿象都是成蟲的形態，但實際遇到的是顏色鮮豔怪異的三齡若蟲，怎麼也和褐色的成蟲兜不起來，得知真相後我們非常驚訝，慶幸自己當時沒有伸手去摸。我們也一直以為蚱蜢和蝗蟲是兩種不同的昆蟲，百科書上寫著蝗蟲又名為台灣大蝗時，我們還百思不得其解地跑去台灣昆蟲館詢問，直到館員告訴我們蝗蟲和螽斯的分別。雖然我不完全贊同用考試測驗來學習新知，但小孩也只有在此刻能反轉權力關係，在遊戲中，孩子成為老師，而爸媽們成了受指導的學生。

拋出大方向讓創意延伸

來到第三關時杰提議要挖洞、設計陷阱，踩到陷阱的就往他們頭上倒水。

耘：「喔不要啦！他們（指爸媽）那麼辛苦爬上來還要被整。」

就在大家苦思許久，我說出自己的浪漫想像，如果可以像古人在涼亭裡作詩多好啊！小孩沒有反對。但要怎麼將詩融入遊戲裡呢？

杰：「就是擲骰子，你骰到甚麼題目就作甚麼詩。」

ㄚ：「有押韻的太難了！因為爸爸跟媽媽都很忙……爸爸經常出差、媽媽很晚下班……。」ㄚ似乎在擔心家人不能來參加學團活動。

耘：「椿象！跟椿象有關。或是和這座山有關！」

杰：「玩骰子寫一首詩啦，要用大自然全部的字拼出來。」

杰的提議聽起來很棒！我心裡也開始期待。由小孩先隨機挑選四個字：「風、月、綠、香」或「園、文、天、米」當字首，請爸媽創作成一首關於自然的詩。

十分鐘不到，爸媽們接力就完成兩首，而善良小孩的給分標準是有畫面就好！

「風花石路紅
月像潔自明
綠光露金星
香花清新美」

「園綠林場漫
文心日暖花
天上多海鳥
米香色澤美」

恭喜爸媽們都通關了！

保有求知的熱情

第四關，Y提議我們可以去山上蒐集聲音，讓爸媽來猜。B則是說我們可以製造假的動物聲音，藏在山裡，讓爸媽以為是真的來

1|2　1. 自製骰子中　2. 把骰子的六面都貼上字

抓。嗯……難度有點高，我們還是去山上錄聲音好了。

五月的山上蟲鳴鳥叫，看似輕輕鬆鬆就能裝進袋裡。沒想到，回去檢查檔案以後，發現陽春的設備只能錄到蟬聲和小孩的驚嘆聲。

「哇！好漂亮的蟲。是金龜子嗎？」

「ㄟ咦？這香菇耶！ㄟ那香菇。」

「為甚麼樹上會長香菇？」

「老師有蚱蜢耶！該不是剛剛那隻？」

「ㄟㄟ牠（指彩虹蟲）在幹嘛？」

「我知道牠怎麼了！牠就是那種……」

「裝、裝死。」

「我看過這種蟲耶！老師、老師！我聽過這種東西。」

「我想看牠飛走耶。」

說好要錄起來的動物聲音呢？這讓我想起之前去千畦種子博物館的時候，園主準備了聽診器，讓我們聽樹木喝水的聲音。小孩提議我們可以自己做聽診器讓爸媽「跟樹木好好相處」。於是，做一個聽診器，就成了第四關的闖關目標。

緊接著，來到第五關「昆蟲大舞劇」，是孩子們最期盼的一關。我們會先示範結合毛毛蟲、蚱蜢、獨角仙、螞蟻、蜜蜂和蝴蝶的自創舞蹈，再由爸媽上台演出，並請他們

說明編舞的原因，不通過者，扭屁屁十下。爸媽的表演逗得現場一片笑聲。回頭想一想，這些遊戲關卡不僅僅只是闖關成功、失敗，象徵意義上還要我們保有求知的熱情，一直探索下去，就可以看到埋藏內在的寶藏。

1. 辛苦場勘後的休息
2. 試玩闖關遊戲中
3. 手作過程都由孩子自己想辦法操作

嘉璐媽媽這麼說

創意是玩出來的

給孩子一個自由揮灑的空間

如果沒有記錯，這個在象山進行的大地闖關遊戲，應該是妳帶團後執行的第二個學期計劃。印象中是進入暑假的第一個星期六，兩個姐姐一早七點多就被我叫起，趕著吃早餐、噴防蚊、擦防曬，帶上水壺和悠遊卡，準時八點送到家裡附近的捷運站，和學團的大家集合，讓妳帶著先出發前往富陽自然生態公園，為這次的學期活動預做準備。

按著妳前一晚在群組裡發出的通知，我們等到早上九點半才又出現，學團的四個家庭陸續抵達公園入口處，十分鐘後聽到熟悉的嬉鬧聲從公園內傳來，轉頭一望，孩子們一頭大汗奔下山來接我們，興奮地發給自家爸媽闖關卡，嘰嘰喳喳說明規則，期待著爸媽們的闖關表現。於是，我們就這麼揮汗如雨地被孩子們領上山，氣喘吁吁讚嘆著猴孩子們在這個早上已經爬了第二趟了。

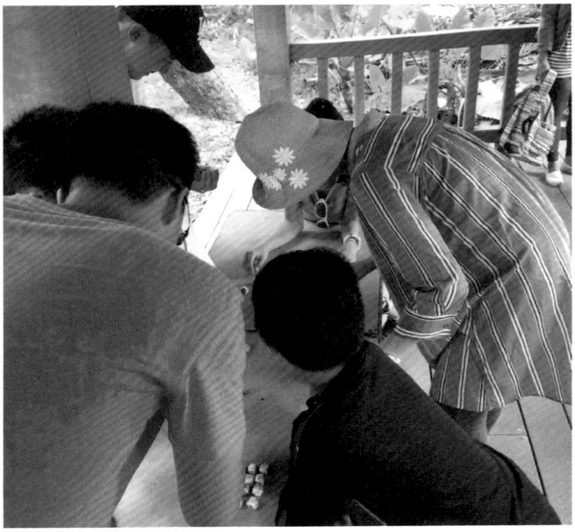

1. 一家一張闖關卡　2. 有限選擇下的吟詩作對　3. 用骰子作詩

在玩樂中就能迸出好創意

這個上午，我們跟著你們這群師生，一一到指定地點闖了五關。第一關，家長們得要在三棵樹的範圍內，找到孩子們用枯枝、枯葉做成的昆蟲，超難的！沙土地成了這些手作枯枝昆蟲的保護色，並不好找；第二關是昆蟲教室，由孩子們先簡報介紹他們在山上看過的昆蟲，再出題要我們搶答。這關還可以，只要有認真聽孩子們的介紹，基本上都答得出來；第三關，孩子們先在數十個六面都貼了字的骰子選出字首，爸媽再接下去完成一首與自然有關的詩。對於自詡為文字工作者的我來說，這題的表現是面子問題，「天上多海鳥」這句雖然太淺白，自己看了都想笑，但已經是眼前有限選擇當中最合理的組合了；接著來到第四站，我們在孩子的引導

1|2　1. 昆蟲教室遊戲規則說明　2. 孩子很享受當關主的權威

下自製簡易聽診器，要聽聽看樹木會有甚麼聲音。孩子們說只要認真聽，就會聽到隱隱的像水流一般的聲音，我真的很認真聽，但沒聽出個甚麼來（雖然我貌似誠懇地跟孩子們說聽到了）；最後，爸媽們按著孩子們示範的指定動作跳一段昆蟲舞，最精采的是耘在地上爬行完美演繹一隻毛毛蟲。最後五關走完終於大功告成，我們家拿到了「提早三十分鐘接小孩」券，作為闖關成功（莫名其妙）的禮物！

兩個小時左右的活動時間，如果要以「驗收」的眼光來看，孩子們的學習成果超出我的期待，一方面驚訝於這幾個當時介於一到三年級的孩子們，透過這些遊戲設計而展現出來的創意，同時也很開心看到孩子們為了執行計劃，經歷多次討論、設計、查找資料、自製道具、還現場勘查走了好多步道，相信在這過程中他們已經為自己累積了各種寶貴的能力。

尤其是創意。不知道是不是因為新聞工作講究實事求是，或是自己務實的個性使然，我一直覺得自己缺乏創意，雖然知道創意是未來人才不可或缺的能力，但自己沒有，自然對於如何培養孩子的創意毫無頭緒。市面上雖然有很多訴求能激發孩子創造力的教材或課程，但那畢竟還是在已經設定好的範圍和引導方式裡的模組式創意。而這次學期計劃的闖關過程中，孩子只要一公布題目，總會引起我的好奇：「到底你們怎麼想出來這麼多花招？」原來你們真是玩啊玩著，就能迸出有趣想法。我也在孩子身上清楚地看到，創意是神造人時就已經內建了，只是需要一個可以讓孩子們自由揮灑的空間，以後，就讓你們這樣繼續玩下去吧！

1. 聽聽樹的聲音
2. 配合度很高的爸媽們

于瑄老師那樣說

學期計劃：寶藏巖實境解謎遊戲

在設計遊戲中挖掘更多可能

每次的學期計劃內容都是我們逐一發展而來，期初我會花比較多時間去觀察小孩平時有興趣投入的活動，後面約留一個半月時間研究、製作。我的經驗是活動進行兩個月後小孩就會呈現興致缺缺的樣子，所以教育者要會掌握小孩學習的變化與規律性，見好就收。每當學期初有家長問我這次要帶小孩做甚麼的時候，我說我不知道，因為無法預測過程長甚麼樣，但後面的目標是清晰可見，我希望孩子真真實實認識在這塊土地上發生的大小事，從自己身上啟動新的能量，在未來能有更多發展、更多可能性。

其實不太理解為甚麼學校到三年級才有社會課，我在想低年級的社會課如果可以從關心周遭環境出發，每個人一定都有跟環境特定互動的方式，這跟年紀也無關，這樣的不同就足夠有趣了，所以進行學團活動時，我喜歡帶他們去一些城市的邊陲探險，像是

前期準備孩子們花了很多時間畫尋寶地圖

南港汐止交界、社子島、寶藏巖等等。

失憶者的故事開啟想像力

這次學期計劃的寶藏巖實境解謎遊戲，起源於一個閒散時隨口跟小孩說說的網路故事。這個離奇的故事發生在日本每年都會找到一些失憶的人，這些人不知道自己是誰、也不知道自己住在哪，因此日本TBS電視台舉辦了一個節目叫「公開大搜索」，利用電視的影響力幫助這些失憶者找到他們的家人。

其中有一個失憶者自稱叫和田，二〇一四年被發現昏倒在大型購物中心的廁所裡面，有人報了警，警察來了以後發現這個人破衣爛衫，身上除了衣服甚麼都沒有，像一個無家可歸者，到了醫院一檢查後發現他極度虛弱、缺乏營養，於是馬上進行了搶救。這個人醒過來以後就甚麼都不記得了，他連自己叫甚麼、從哪裡來都不記得了，但很神奇地，隨著身體一點一點恢復之後，他的記憶也漸漸回來了，接著，他說出一個令所有人都咋舌的恐怖記憶。

他說這十七年來一直被一個大叔監禁在家裡，一九九七年八月的時候，監禁他的大叔告訴他：「你五歲生日了，生日快樂。」他記得這句話，所以推算自己現在是二十二歲。他想起自己四歲時，是坐著父母的車來到這個大叔家，當時他在車上睡著了，等醒來的時候已經到這個大叔家，之後父母就走了，而他再也沒有離開過這個家。

這棟房子是兩層樓透天，他住在二樓，監禁他的大叔完全不允許他出門，所以他沒有上過學。這個大叔目測大約五、六十歲，身高一百八十公分，身材非常結實，但他想不起大叔叫甚麼名字、長甚麼樣了，也不記得大叔的家在哪，他說最有印象的是大叔每天都在家，看著電腦上的一些圖表、表格、圖形等。大叔也不允許他看電視，所以他一開始甚麼都不知道，後來會趁大叔不在或睡覺時，偷偷去看電視，他對語言、說話的方式以及對外界世界的了解，全是通過電視。

他說在十五、六歲時，突然牙齒很疼，大叔便帶他去看牙醫，去了幾次把牙治好了就再也沒有出去過。後來在他二十歲的時候，有一次看電視播報說，有人監禁虐待兒童的新聞事件，他一看，這怎麼跟自己現在處境這麼像？於是他開始偷偷地計劃逃跑，最後終於在二〇一四年六月成功逃跑了。他說逃出那個房子後看見門上寫了和田兩個字，換句話說這就是監禁他的那家人的姓氏。他不知道自己要往哪裡走，只是想盡可能地往遠走，走啊走地到了這個大型購物中心，只記得當時非常渴，於是進了廁所想喝水，結果便昏倒在廁所裡。

沒想到，小孩們聽了這個故事後非常喜歡，還告訴其他沒聽過的小孩，這個故事就這樣在團裡流傳開來。由於故事曲折、細節繁瑣，中間一部分被小孩錯置想像，於是出現了幾個不同版本，神奇的是雖然細節不同，整體內容又不失故事原意。

走逛寶藏巖邊設計遊戲

我們先對遊戲有個簡單的想像，而好玩的要素總少不了競爭與合作，所以他們明確地表示要分A、B兩組，我跟凱老助教把改寫的故事拆成了兩條故事線，好讓它能跟小孩設計的機關搭配，玩起來更好玩。

小孩先是在寶藏巖一角發現一片片的腳印葉，他們試著模擬畫出假的腳印葉，並在葉子上加個可抽拉的機關，背後再黏上磁鐵片，讓腳印葉自然地隱藏在鐵皮背景裡；第二個機關來自一根不起眼的水泥柱上有著奇怪的圖形，他們先往象形文字方向猜，還是猜不出所以然，就把這圖形推給了外星人，說是他們留下來的基地，並暫且把它取名「愛心蛇（外星）基地」。小孩繼續往後走，找到這裡有超大型的幸運餅乾作品，而且外觀還是明亮的黃色，孩子們想著不能讓爸爸媽媽來到這邊錯過，所以我們決定要做幸運籤餅，裡面夾有祝福語和下一關的線索圖，好好善用天上掉下來的禮物。

之後，經過了一整面牆壁彩繪，是 Candy Bird 的作品，小孩說牆上的鳥頭人身好詭異，將它取名為「忙碌的上班族」，讓爸媽來到這裡玩找字遊戲；另外還發現了跟人等身大的粉紅叉子、迷你粉紅小椅子，我們打算利用椅子藏線索：像是在椅子上綁繩子，或縫一隻布娃娃，讓娃娃合理的坐在椅子上，翻開尿布卻藏有下一關線索等等；最後一個發現是在入口處附近，鋪滿石子的牆面貼著浮雕陶瓷片，陶瓷片上有山、水、太陽、信仰、人、足跡的意象，小孩簡稱這裡叫「有顏色的古紋」，之後我們要來做假的陶瓷片，以假亂真的設計驚喜每每讓父母能玩得很興奮，而且玩不膩。

跟著遊戲設計改寫情節

結合以上發現，我們把故事改寫成：有一天，有一個小孩在公園裡昏倒被送到醫院，他醒來時想不起自己的名字和家，他只能回想起五歲那年在寶藏巖，被不明人士帶走，現場只留下了飛翔的腳印葉。後來他的爸媽又接獲了一條線索：原來這個事件和愛心蛇牙醫診所有關。這個線索是，某天一位不明人士帶五歲小孩去診所，但他卻總是沒帶健保卡，讓護士覺得很奇怪，而這個小孩的特徵（身高約一百三十五公分、鼻子上有顆痣、單眼皮、體重約三十公斤、喜歡穿藍色衣服）怎麼跟廣播上請大家協尋被綁架的小孩一模一樣？於是護士便立即打電話給警察。

收到消息的警察趕來調查，護士告訴他小孩來診所好幾次都沒帶健保卡，而且還都是同一個大人帶來的，那個小朋友看起來有苦想說，但一切都還不確定，所以護士只能送給他兩塊神的餅乾給予祝福。但是警察跟護士愈討論便愈懷疑，此時不明人士看到他們在對話，發現情況不對勁就趕緊帶著小孩跑出診所，他們兩個經過了一群上班族，都沒有任何人抬起頭、也沒有人發現，所以當時小孩沒有獲救。此時，警察發現一張紙從天而降，紙上疑似留下了不明人士的住家位置，警察迅速前往該處，竟發現有一個小寶寶被綁在粉紅椅子上，警察心想難道她也是被綁架的嗎？此時寶寶開始哇哇大哭，他翻開尿布檢查發現裡面竟藏有紙球，紙球裡的祕密是甚麼？小孩能夠順利恢復記憶嗎？

試著認出孩子想要的方向

我是愈來愈喜歡我們這樣「正經地做蠢事」，在符合社會價值和自己產生動機間玩出一朵花來。試著把家長從主流價值的成功標準中移出來，小孩也才能隨之移動，願意把與人的交流、衝突當作功課學習。我能理解大人害怕小孩的想法過於雜亂、天馬行空、沒有邏輯等等，所以想到計劃不能如期完成，就忍不住伸手控制，要小孩走在自己設定好的線內。寫這些不是要責怪任何人，責怪並不會帶來成長，我想說的是：「沒有關係，我們就進到恐懼裡吧！」因為我們會發現事情並不是當初想的這麼未知，在黑暗裡見到光後，就會發現主體性和社會價值兩者間沒有衝突，倘若課後時間有限，我跟凱老助教就不能再以養成小孩獨立自主之名不幫忙分攤工作，所以我們撿了小孩放學後最不想做的事來做。

我認為教育者在裡面比較難的是認出小孩手指的方向，這個方向不像大人在指目標那麼顯而易見，小孩會把自己丟進上一次、上上一次他還沒和解的難題裡，一直練習到他不困擾了才會走出來；同時，教育者營造一個友善環境也是很重要的事，彼此都鬆軟下來才有可能看到轉機，以及孩子們各自指了甚麼。

不用刻意阻撓孩子玩手遊

加入不久的D，就跟大家一開始做學期計劃一樣，是沒辦法想像學習可以不具目的性，純然享受求知與其中的快樂，而這非常重要的起步，關乎學習的熱情能走多遠，是再晚也不能省略的歷程。所以我一直在等他站起來暖身，幾個月過後的某天他跟我說「第五人格」手遊裡的道具很適合加進我們在做的學期計劃，玩起來會更好玩。

我很好奇這是甚麼形式，於是陪他玩「第五人格」，當然我知道一定有人會說這手遊不適合小孩，因為其中追、打、殺的過程無形中塑造暴力人格，但我想問的是，難道小孩不玩就不會接收弱肉強食的暗示嗎？餐廳裡無意瞥見的社會新聞、轉到卡通台《瑪莎與熊》裡惡作劇的行為、走出來看到斗大看板上嗜血的廣告，更別說發生在自己身上的事了。生活裡處處可見愛與暴力的因子，若想讓孩子只接觸好的，最後都會被自己反制，所以如果玩手遊是他對自己主動學習而發動的邀請，請不要去破壞它，因為孩子真的就能輕輕鬆鬆、不用被強迫就能自己完成一張道具列表，進入更深刻的研究裡。

不以獎勵模糊學習動機

B做事認真，在寶藏巖搜索可發展的線索時，她提議分兩組，我一轉頭就看她帶著另一群人直直地向前，彷彿知道底端在哪裡一樣。我雖然沒有和她在一起，但卻能從她帶回來的「豐富線索」看出來，她幾乎是採地毯式追查，就連邊邊角角的指示性石頭也沒漏掉。當訊息太多、看不到方向時我會提醒她重點，著重去發現寶藏巖共生聚落的特色，如果沒有她參與其中，我們肯定是還要再來找好幾次，不過有時候會被她強大的動能嚇到，不畏天氣炎熱、耐心跟同伴協商，全力把一件事情做好，是B的特質。

1. 全力把事情做好，是B的特質
2. 加入不久的D，在默默觀察後也開始加入自己的意見

杰是這次故事的主角

前幾次我們去場勘時，杰都臨時缺席，錯失了透過雙眼發現的過程，等他回來時，只有開始抱怨為甚麼要幫別人做這些，表現一副興趣缺缺的樣子，這我完全能理解，所以才會說起步很重要，當學習者沒有想跑起來，硬是拖著他也拖得不遠，恐怖的是這種無奈、無力積累太多時，大人就會開始祭出獎勵：一根冰棒就能讓他忘掉自己已不再是學習路上有感受的學習者，要聽話繼續跑，累了就再吃一根。想到這些我就難過，但我也只能盡可能幫他找出意義，就算只有一點微小的希望也好，所以這次故事的主角就給他當了，讓孩子間羈絆在一起才不至於太孤單。

設計關卡時的珍貴特質

Y沒事時就會把她從菲律賓買回來的填字遊戲書拿出來做，起先我以為她是想增加英文單字量，沒想到她跟我說不是，她是在填菲律賓語，讓我超驚訝地問：「那妳怎麼會？」她淡淡幽幽地說：「後面就有答案了。」所以我想她是在認某一種規律、字的韻律感，含義本身對她來說並不重要，書上的白格彷彿是她抽象世界的地基，往上填的符號成了一排又一排的建築，我可以感覺到鷹架愈來愈趨近立體。從她靈活的反應來看，到達目的地的方法不會只有一種，因為她總是可以活在當下，選一個最好的方式抵達。這次我們遊戲的最後一關設計，就是她想到可以利用凹凹凸凸的瓷磚做拓印球，這些瓷磚平凡到路過都會被人忽略，但在她眼裡就不是這麼一回事了，我當然非常樂見她遍地開花的創意與觀察力。

K是後勁強的孩子，剛好接手B的努力，讓一路認真的B休息、暫緩一下。平常看K有些散漫，但在緊要關頭時，她會出手解決，

1. 從Y靈活的反應來看，到達目的地的方法不會只有一種
2. K是後勁強的孩子，在緊要關頭時，她會出手解決
3. 學期計劃預備期間已經進入初夏，一頭大汗後的冰棒是孩子們的小確幸

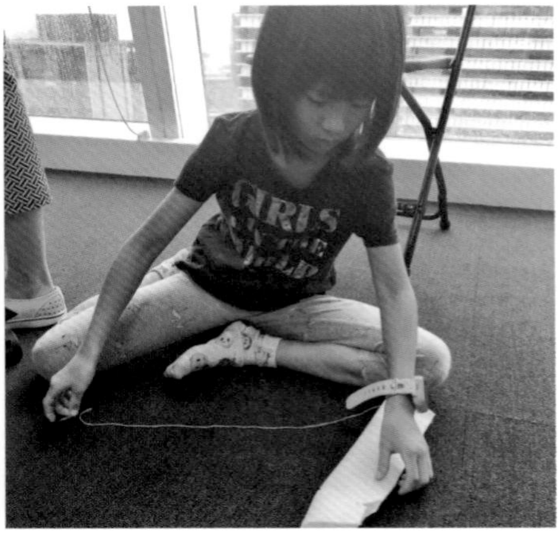

1|2　1. 耘是在日常裡喜歡甚麼就會立刻去做的人，腦筋不太會卡住
2. 經營一個混齡團體，要去想年紀較小的孩子該待在團體裡哪個位置

畫下逗號後再翻下一頁，這是她經常出現的樣貌。這個樣貌是好事嗎？我也還在疑惑。

這次學期計劃是她整理了所有線索，用「說書人」的方式聯想遊戲玩法。當大家興沖沖地擠在一團為了爭奪拌麵糊的順序，後來累得沒力氣再繼續烤餅乾，是她跟凱老助教兩個人撿起來做；最後一次去寶藏巖畫地圖時，不知道為甚麼路怎麼畫都對不起來，大夥快崩潰了，她立刻把筆接過來說：「好，現在畫到哪裡了？」不過也因為這樣被大家發現她不在狀況內，全部人笑了出來。最近我跟凱老助教都覺得她明顯長大了，情緒愈來愈穩定，遇上衝突時，可以很清楚告訴對方自己不舒服的點，再回過頭來給自己安慰，真是令人欣慰。

給予學習的孩子更多理解

在經營一個混齡團體，就要去想年紀較小的孩子適合做甚麼、該待在團體裡的哪個位置。所以我們去寶藏巖現場畫地圖時，我讓言先畫、先開路，她果然說自己「不會畫」，但我覺得這不是真的，因為她已經有握筆能力了，我想她的擔心猶如筆痕從薄紙背後透出來般怕自己畫不好。但畫不好其實多畫幾次就沒問題了，要是拿來跟我或跟別人比以後覺得自己畫不好，這種嚴苛的比較，幾乎是把人逼進死路，結果就會變成當事者再也不畫了。這樣做不是件好事，反而會中斷了小孩學習，製造更多害怕、恐懼，而這份恐懼首先影響到他們的人際互動，比如說，因為我知道甚麼叫不好，所以我不要跟我看到或認為不好的人玩。但，真的是這樣嗎？我寧可陪她慢慢畫，一步步釐清她說的不好或不會畫的原因。同時，也暗自希望她的世界裡不要再有人跟她說甚麼叫「好」了，這些「好」得由她自己撿起來才是她的。

這次會把驚悚的網路故事變成遊戲背景是耘的點子，他是在日常裡喜歡甚麼就會立刻去做的人，腦筋不太會卡住。當我們在著手改寫故事時，雖然他是一邊亂講一邊把故事寫出來，但其實頭腦很清楚；還有完成關卡內容後，他跟Y兩人負責設計填字遊戲，Y不知道甚麼原因注意力又跑走了，我看耘無奈地長嘆了一口氣，轉頭幫Y完成她的工作，真不知道這是甚麼樣的情誼，不過看了真的非常很感動。

如果邀請澄來幫忙做一些事，他幾乎從來不會拒絕，但如果希望他去做他想要的，他反而會以「想要耍廢」為由閃躲，我一直在想這弦外之音是甚麼，也許某部分是在反抗大人認定的社會價值吧！孩子的手指向外探索，同時也要有面對自己的力量，而爸爸媽媽的理解，能讓孩子在學習路上不孤單。

嘉璐媽媽這麼說

父母一同體驗孩子的解謎之旅

讓小孩們玩出一朵花來

當了一輩子的台北人，拜學團活動之賜，到了四十多歲才第一次到寶藏巖，先前雖然在群組裡看到妳傳了不少帶著學團的孩子們在寶藏巖活動的照片，但親來現場才真的體會了這裡的蜿蜒曲折、上上下下，實在很有味道，難怪孩子們老愛說：「在寶藏巖躲貓貓真好玩。」

讓家長玩孩子設計的遊戲

這次的期末活動，孩子們設計了一個故事文本，要家長在寶藏巖循著他們提供的線索，達成解謎目標。故事是這樣的：一個小男孩在公園昏倒送醫，醒來後卻失憶，想不起自己的名字，也不知道家在哪裡，只記得五歲時在寶藏巖被不明人士帶走，現場留下

拜學團之賜，我第一次踏進寶藏巖

飛翔的腳印葉，就是第一個線索。

活動當天，六個家庭被分成爸爸A組和媽媽B組，家長拿著孩子們親手繪製寶藏巖地圖，分頭依著線索，循著地圖上貼著小星星貼紙的地方，取得下一個線索，依序連解六關之後，就會找到小男孩。耶！最後是我們媽媽B組先馳得點，找到了正在遮蔭處納涼的失憶小男孩！

學期中我曾經問過妳幾次，對於學期計劃有甚麼想法，記得妳每次都笑笑地說，還不知道要做甚麼，所以，當天活動結束後的聚餐，我很好奇又問：「最後出來的這個學期計劃，到底是怎麼來的？」才知道原來妳只是觀察孩子們有興趣的話題，再順著話題進行討論，很單純地在每一次的討論中引導孩子自主發想，讓他們的對話愈來愈聚焦，最後發展出了這次的活動，大家再一起動手逐一執行。

1. 孩子親自場勘、設計的解謎地圖　2. 看見孩子超高的創意力與執行力
3. 家長們要循著線索，進入孩子們設計的故事，完成尋人任務

從孩子的興趣中挖掘能力

連著這幾次的學期活動，每次參與都讓我對這群孩子的創意設計和計劃執行力讚歎不已，原來孩子們真能這樣玩啊玩的，就玩出一朵花來！活動結束後我回頭再去翻看，這兩個月妳在群組裡傳給家長們的活動照片，逐一比對才發現在寶藏巖我們所看到的每一個線索、活動道具，真的全都是孩子們自己做出來的。這些照片記錄孩子們去買布裁剪，縫了個布娃娃（Y、K姐妹倆還從家裡帶了小妹的衣服、尿布給布娃娃穿上）；也看到了他們自己調麵糊、塑型烘焙，烤出內藏線索紙條的幸運餅乾；至於那張家長們都覺得很有文創感的手繪地圖，則是他們這兩個月跑了好幾趟寶藏巖，時而趴在地上、時而貼在牆上，蒐集他們觀察到的眼前環境與元素，通力合作而完成的。

透過照片的記錄，我看到他們的專注，看

每次的學期計劃，家長們都全力配合參與

到他們的團體協作，看到他們每次大汗淋漓後席地而坐，一人一支冰棒的滿足，看著覺得非常感動！

前幾天，和一群爸媽們聊天，聊的不外乎是孩子們的暑期安排，或者接下來的學習規劃，一位爸爸突然拋出大哉問：「你們覺得孩子們長大到底需要甚麼能力？我們現在幫他們做的這些安排有助於培養那些能力嗎？」啊……這真是現代父母常常自問、又總是沒有答案的問題，世界變化這麼快，我總覺得自己是「摸著石頭過河」地引著孩子，但過了這河，對岸會是怎樣的景象，我現在一點概念也沒有。不過，就像當初妳對於學期計劃沒有腹案一樣，我很享受這個順流發掘孩子能力的過程，雖然不確定最後孩子會養出怎樣的能力，但是很確定，那會是神為他們專屬打造，讓孩子由內在培養出讓他們自在且自信的能力。

于瑄老師那樣說

學期計劃：自製臺灣歷史主題桌遊

不出門也能在遊戲中學習

在基地的時間，不只是寫功課，很多時候我都在跟孩子討論、處理或思考在不同意識狀態下，人會做出的價值判斷與衡量，只有先鬆脫好壞、對錯、善惡的標準，孩子才有空間去思考、選擇自己該站在甚麼位置，並出現不同的想法，再來擴展我們對話與合作的空間。

我們討論過殺生、霸凌、群體排擠、自律、民主、性別歧視等議題，有這些討論鋪陳，便開啟了這個學期計劃。這計劃最初的想法是希望孩子認識臺灣這塊土地上從過去到現在所發生的大小事，在遊戲中練習轉換觀點，體會到人在不同位置，自然面臨到不同困難與限制。

唯有人相互理解，才有機會發現彼此的共同處，找到共存的可能。

1. 桌遊的底板是用紙漿製成的丘陵地形　2. 再將底板上色，畫出聚落、山林
3. 配件做完後，進入試玩、修正的階段

在地文化成為桌遊的靈感

某一天，我在書店發現了一本收錄台北市建築的地圖，好奇每日來往的內湖除了高樓大廈外，有沒有更深入更在地的文化，並且是我跟小孩都不知道的事。

從《台灣建築地圖 VOL.01 台北市》上得知內湖因為基隆河截彎取直後誕生許多新生地，不過有了新生地不就表示也有沒落地嗎？為了解謎我跑去圖書館借鄉土誌，發現真的有個石壁潭消失了，書中對此的記述很詳細，包括石壁潭舊地名叫「羊稠」，是因為這裡曾設有很多羊舍，讀著讀著覺得還挺有趣的，也因此浮現了一些想像。不知道這些新生地上的建築物，未來會不會也因為時間而改變位置。

我興奮地跟孩子們分享新發現，並問他們對這次學期計劃的想法，小孩B大概是想到上次學期計劃出題考爸媽很好玩，提議想做知識型問答；K說她做甚麼都好，只要現在可以畫畫就好，她想要做自己的事；Y說她想學做厲害的建築模型；耘說他想調查內湖區的建築；杰說要玩遊戲，而剛加入的兩個成員還搞不太清楚做甚麼時，默默選了耘這邊站。

通常這種時候，我會等一個人主動跳出來整合大家想法，但籌備的時間不容再等，於是我忍不住提議：「那不然我們來做桌遊？」大家似乎都可以接受。

從古今地圖認識台北發展

下一次上課時，我準備了四張不同年份的地圖，有Google map、台北市行政區域圖、台灣堡圖、大台北古地圖給孩子看，希望他們可以從地圖的演變找到他們

1. 開始製作前，先來上點台灣史課程　2. 集思廣益桌遊規則，並且羅列整理
3. 經過多次討論、增補規則，讓架構更完整

想關心的事情。

馬上就有人發現現在的基隆河跟以前長得不一樣，不過讓他們眼光停留最久的竟然是大台北古地圖，大家對此都充滿好奇地發問：「古地圖下方像太陽、還有一個箭頭在下的東西是甚麼？」「左下方的島又是哪裡？」

順著他們的問題，我跟孩子們說了台北盆地發展史，之所以叫「內」湖是因為距離中心艋舺比較遠的內部。我小心地不讓答案、分數、無意義背誦、套裝知識跑出來，壞了他們的學習胃口。

「那盆地上有住人嗎？人從哪裡來？」杰問。

人到底從哪裡來？我愣了一下，有點搞不太清楚他是想問多久以前的事。凱老接話說，人是從猿猴進化而來，杰愣了一下。停了幾秒後，凱老再換個說法，人類祖先是從非洲來，經過好幾次遷徙，選擇不同的地方居住，形成不同族群的差異。

我看了看他表情似乎還是無法跟自己連結、用頭腦理解。生命是用「身體」在學習，大人玩 VR、小孩玩 Minecraft[1]，每個人都在想辦法讓自己腦袋和身體連接，並在丟掉、撿起來反覆拼湊過程中，誕生自己的世界觀。

1 透過電子設備才能玩的遊戲。此款遊戲有多種模式，其中的生存模式裡，玩家必須維持生命並採集資源來打造自己的世界，不過此款遊戲因為沒有具體要完成的目標，所以玩家在此遊戲內有極高的自由度。

1|2　1. 卡片讓高年級的小孩認領　2. 參考其他遊戲，發想自己的設計

討論中發覺重要的人事物

作為一個教育者，會希望問題引導到更深厚的思考裡，裡頭有想像、有自己建構世界的邏輯。所以我們就不能只談台北盆地了，我打算下次從荷蘭人占領臺灣說起，以聽故事的方式，協助他們理解其中的關聯性，成為創作桌遊的材料。話還沒說完，杰馬上想到我們可以像清代人一樣來比賽，看誰順利把金面山上的大石塊運下山蓋城門。說到比賽耘興奮地跳了出來：「好！還要像矮人礦坑一樣，抽好人、壞人卡。」他們好像在做薛西弗斯的懲罰[2]，會不會最後一切只是徒勞無功？後來我們花了兩週討論各自覺得最重要的東西，新加入的小孩馬上給了我答案：「自然環境最重要，因為如果生態被破壞就是破壞了，沒辦法挽救。」

看眼前的人如此肯定，另個小孩也提供相關經驗：「食物、手機很重要，幫助了我們更快與經驗的記憶連結。」耘接著說：「哆啦B夢。」全部人笑了出來，好奇問他為甚麼不是哆啦A夢？他笑說：「哆啦A夢世上已經有了，這樣聽起來哆啦B夢就是在說『創造自己的奇蹟』的重要了。」為了不讓其他人覺得自己不切實際、過度幻想，他隨後又補充認為「水和電」也很重要；澄想了一下說：「當然是『生命』重要。」B、K、言則說：「世上沒有比爸媽、『家人』更重要的了。」

培養設計概念與邏輯力

反芻上一次討論後，這次又再加進六個族群角色：平埔族、漢人、日本人、荷蘭人、西班牙人、鄭氏海盜，並請小孩試想如果自己是平埔族人，會怎麼守護上述重要的東西？若身分換作是荷蘭人又有甚麼不同？

中間我找了幾部動畫短片，幫助小孩更快進入情境，也比較能回答問題，設計方向有一點進度後，我們去借了兩款市面上的桌遊來試玩，分別是《翻轉大稻埕》以及《動物大逃殺》，大致了解架構以後，再回來討論我們喜歡的規則：每個族群有自己專屬的

2 希臘神話裡，薛西弗斯被懲罰要把一塊巨石推上山，但石頭到山頂後總會滾回原處，他只能永遠重複推巨石的行為。

行動卡，按照卡片上的指示蒐集完任務卡上需要的資源：土地、食物水源、武器和愛心，最先完成者就是贏家。

接下來就進入實體製作的部分，我們先在行動卡片上寫下文字，但內容卻一改再改，第一次是因為出現美工的問題，第二次則是行動卡的設計期間其實橫跨了兩、三週，前期跟後期得到資源的數字落差太大，所以又再次重新修正了內容，第三次是因為跟別的族群試玩、互動後，發現別的族群也需要調整資源的增減，感謝有凱老的幫忙，才能順利完成這部分。

至於卡片的設計相對就簡單多了，寫字的工作就由字跡工整的小孩認領；但到了人物角色設計時，竟然每個人都舉手想畫，可是我們只需要六種就好，怎麼辦？耘說那就大家都來畫，最後投票決定。雖然這不是最好的方法，卻也是方法，我只好平均配出自己手上的票給這八人，一邊安慰沒被選上的人，告訴他們圖案沒被選到也會使用在周邊小物上，例如可以放置在規則說明書裡。

拿著設計好的六種圖案，讓小孩把圖案刻在橡皮章上，方便日後可以複印卡片。令人驚豔的是一年級的言只刻幾刀就能掌握筆刀的訣竅，因此她刻出來的圖案非常細緻、線條平均，完整呈現人物的形象。而澄轉印的卡片不得不說是最漂亮的，因為他會仔細觀察上過顏色的變化，再運用身體的力量壓在紙上，得到一張顏色平均且圖案清楚的行動卡片。

失敗實驗中找到解決方案

接下來的地圖場景，我們討論過後希望可以像拼圖一樣來設計，這樣不管人多人少都能玩。做地圖板塊的前一天，我們先準備好所有前置作業，碎紙、浸泡、加樹糊粉，並做好手工抄紙框，滿心期待隔天來抄紙，結果當天蓋子一掀開，紙纖維非但沒有軟化還被水包圍，形成黏性很高的碎紙膠水，這下我們傻住了。幸好孩子們天生就有自娛自樂的能力，笑說這一桶失敗的紙漿像鼻涕史萊姆，嘴裡說噁心手卻又情不自禁地往水裡伸，感受黏性的牽引。也好，就給你們玩，在學校是不大會有這樣實驗失敗的可能，當然也就不會出現這種奇怪的玩意兒。後來我們想到可以將碎紙加漿糊塑形，直接塗布在木板塊上，凹凸不平的樣子像極了真實地貌，接

遊戲開始前，先讓家長知道孩子們製作的過程

經過小孩的反覆試玩調整，再邀請家長一起玩

著再用墨筆畫出山林、河流以及聚落。

為了讓這個桌遊更富趣味性，孩子們還做了一座墳場，好讓場上被移除的人合理消失，另外還特別為日本人設計一個專屬道具「哆啦Ｂ夢的命運轉盤」，把運氣成分提高，讓遊戲過程更加刺激、更容易進入狀況，大家也因此學習寫出一份完整規則的說明書。

能主動思考就是好的學習

等配件都做完後，隨即進入試玩、發現問題並修正的階段，這過程花了我們最多時間。首先我們修改了三種資源方塊的數量，好讓遊戲更符合現實情況，比方說有一張任務卡上寫「我喜歡大自然，要保護環境」。原本孩子認為需要四個土地、三個武器、三個食物、三個愛心，試玩後小孩B說：「不用那麼多武器，因為武器也會破壞環境。」

還有一張任務卡是「我要成為大富翁」，原始設定裡大富翁可以拿到兩個愛心，凱老反問孩子：「要成為有錢人需要愛心嗎？不用愛心也可以很有錢啊！」耘說：「可是沒有愛心的有錢人一出家門可能就被人打死了啊！」嗯……聽起來也有道理。

再來是重新討論愛心的使用方法，有小孩說愛心之所以叫愛心是因為無價，不能用其他三種資源來換，所以我們把它改成集到四個愛心時就能把墳場裡的人救回來，擴大自己族群。很快玩過幾遍後，我們發現有的族群行動卡做太多、有的又做太少，造成不公平的結局；任務卡也是，有的設定很容易完成、有的就很困難。經過我們反覆測試和修改到一個合理範圍內，便邀請小孩的父母一同來玩，在參與過程中，認知到我們不外出時可以做的事。結束後，他們也大方給予回饋，並鼓勵我們尋求出版的可能，很感謝他們給予我空間，進行無教案的內容，只有學習回到孩子自己身上，主動求知，才會開出花來。

嘉璐媽媽這麼說

窩在基地也可以很好玩

給予師生多點留白的時間

這次的桌遊，是妳帶團以來唯一一次非戶外的學期計劃。真是不好意思啊，我本來以為會很不好玩，尤其在遊戲開始前的簡報，孩子們雖然說得口沫橫飛，但是我聽了實在一頭霧水。遊戲開始之後，在孩子們的引導之下，終於搞懂了遊戲規則，才發現這桌遊真是有趣啊！玩家之間除了要彼此競爭，有時還得耍點心機，聯合次要敵人打擊主要敵人，才能爭取最後勝利，遊戲結束忍不住大嘆佩服！

或許是因為我們團太常外出，每次看著妳回傳在群組裡的活動照片，都覺得孩子們在功課完成後能到外面這樣奔跑玩耍，甚至去溪邊抓蝦實在太有趣，所以總是覺得待在基地的室內活動會不會不夠充實精采？這次的桌遊就給了我一個不證自明的答案。

我還是不自覺的會以自己有限的經驗，來想像學團內各種活動可能會帶出來的果

1. 曾經在學團活動時間另外安排英文課　2. 耍廢中！勿擾！！
3. 在學團裡為孩子撐出一些自在的空間

效，但這其實是限制了你們師生能發展出來的各種可能性。

留白的時間能整理內心世界

在學團初期，我就常會忍不住想要「幫忙」老師填空，擔心當時的老師一號才剛帶團，經驗還不多，可能還不清楚能帶著孩子們做甚麼，所以從學團成立開始，家長們在我的主導下就另外找專科老師安排了英文和樂高機器人課程。

當時雖然孩子們還是低年級，每個星期都會有四個完整的下午進團活動，但多出了這兩個「外掛」課程，學團老師能夠運用的完整時間就只剩下兩個半天，那時，我並沒有意識到對於學團老師來說，不管是要養出學團內的默契文化，或者要執行完整度高的學期計劃，兩個半天的時

1|2　1. 即使窩在基地，也能玩出創意　2. 留白的時間讓孩子整理內心世界

間其實不夠用。一直到團裡有孩子升上中年級，中午就可以放學的半天課一下子從四天減少到只剩兩天，學團能夠全員參與的活動時間又更少，我才發現了學團老師的困擾，跟進調整了外掛課程的上課時間，以便學團活動時間盡量完整。

我是個不容時間留白的人，只要看到行程安排出現空檔，反射性動作就是要找點事來填滿，並不懂得留白的藝術，如果這是一種病的話，周末還發作得特別厲害，我家先生就好幾次抱怨：「周末一定要排這麼滿嗎？留在家裡不出門不行嗎？」關於留白，因為這個學團我開始觀察，學著以孩子們的角度來體會他們的需要，所以當看到孩子們討論出來的行事曆，還刻意留下耍廢時間時，我會開始理解那是他們在整理內在世界的方法之一，不管是透過編織、畫畫、在地上滾或者單純發呆。

我常常在跟其他家長分享共學團時，對方都會好奇孩子們在共學團到底都做些甚麼？其實，個別共學團著重的活動內容都不盡相同，有些學團靜態活動多、有些學團很會往外跑。以往我都認為：只要學團內的家長們和老師達成共識，學團要做甚麼都好！但透過這幾年在我們學團的觀察，我認知到要發展出每個學團不同的DNA，關鍵核心還是要順流，順甚麼流呢？順孩子的流！

于瑄老師那樣說

暑期外宿：長征阿塱壹古道

鍛鍊身心的自然成長之路

這是我第二次帶小孩來挑戰阿塱壹古道，早在去年我就獨自帶六位小孩走過，遺憾當時因為莫蘭蒂颱風造成路段崩塌，屏東縣政府關閉了古道的北半端，所以我們只能半路折返，未能完整欣賞海岸地形，而這次參與的小孩少了一位又多一位老師協助，心情上更是輕鬆許多。炎熱的七月天，無法直視的太陽，我心裡唯一害怕的是小孩會不會中暑，所以一個月前我就先跟負責活動行程的人員討論，希望這次能晚一點出發，讓我們在最熱的時段裡能剛好走在樹林中，小孩也不容易感到累，腳程就不會是太大的問題。

透過環境議題思考不同立場

出發前，花了點時間和孩子們介紹阿塱壹古道的歷史，延伸到現在的環境議題，我們用關鍵字去找資料，結果跑出「哭泣海岸」「不要說再見」「困境阿塱壹」，小孩們問說這是甚麼意思？

他們會發問勢必讀出字裡背後的深意吧？這其中有兩種不同的聲音在拉扯。我想開啟這個討論會蠻有趣的，於是簡單地向他們說了相關背景：因為阿塱壹古道是台灣唯一沒有被公路切過的海岸，聽說還可以在岸上看到綠蠵龜和椰子蟹，可是台東政府和居民希望開發這條公路，如此看病的路就不會這麼遠了，也能帶來更多的觀光客。但有些人就不這麼想，因為他們知道自然環境如果被破壞就沒辦法挽救，所以發起了環境保護運動。接著，我問小孩們會怎麼處置這兩種聲音？

小孩Y說她會去報告總統，再把居民移到醫院附近。耘說：「不要管他了（口

擔心孩子中暑，一個月前就跟導覽大哥討論行程

頭禪），台東政府想要蓋公路自己去生錢！」嗯……似乎也是反對興建公路。低年級的小孩B和K在這個情境裡，也捉到了她們感興趣的部分，說出她們想找圖片看清楚綠蠵龜和椰子蟹的模樣。這些回答，正是我認識他們思考的方式。

忽然想起上一趟走在阿塱壹的岸邊有非常多海漂垃圾，簡體字樣的寶特瓶、豬肉塊、浮球、保麗龍、廢棄漁網等等，一併跟天然美景收進我眼底，畫面實在是太衝擊了，不可能會忘。是的，我希望他們看見的世界不只有片面的災難和悲劇，而是更深入的，對人性深刻的了解，日後才能夠在這份了解上再進一步行動、做決定。

回過頭向小孩學習

進入阿塱壹古道前需有專業導覽解說員與入山申請這些準備，不算太困難，提早規劃成行機會就會提高。出發當天，十一點左右預約的車子來民宿接我們，經恆春東門城進入兩百號縣道，沿路景色原始自然、白煙縷縷，導覽大哥在一片綠意中指認出他家與親戚家的相對位置，這對都市人的我來說很不可思議。山路轉來轉去，兩小時後終於來到阿塱壹旭海入口，躁動的心，催促著我們快出發。在地解說員韋大哥向我們介紹了周邊幾種原生植物，其中一種能夠驅蚊，我們學大哥把葉片搓揉開來聞，再隨興塗抹在身上，便踏上長路。

古道沿著山壁進入，美麗的太平洋在我們右手邊，有點奇妙的是，腳不是踩在沙裡，

孩子們逕自撿了漂流木作拐杖

而是踏在圓圓扁扁的石頭上，每前進一步底下石頭還會發出清脆撞擊聲，這樣的經驗打開了孩子們的感官，竟然去撿了岸上的漂流木作枴杖，起先我掙扎了一下，想到要是他們不小心摔跤直戳眼睛怎麼辦？在這荒野中我要怎麼送醫？深呼吸幾口冷靜想，如果我執著於擔心、害怕，那麼我們將會失去甚麼樣的珍貴過程？若有一半的機率受傷，和一半失去自主動力，我當然選擇保住後者。最後說服自己的是，古道我都走第二遍了怎麼沒想到去撿枴杖？於是，我學他們撿漂流木。我們每個人拄著一枝枴杖前行，不僅沒有摔跤，還讓步伐變得更平穩，就這樣一路邊找邊走邊玩，沒人喊無聊。

很多時候，我也是回頭跟小孩學習。

孩子們毫不猶豫地脫鞋渡溪

大自然給予豐富的學習養分

忽然一陣飽含濕氣的風吹來，我們不用像在城市裡要問下一站、下一步在哪裡，自然的節奏就告訴我們要進樹林裡了。兩旁有遍生的椰子樹和林投隔絕頭頂上豔陽，但我們也沒因此停留，一樣的步調走出去，即看見前方有一條溪水緩緩流淌，韋大哥把鞋子脫下掛在脖上，示意我們也脫鞋，想到能將腳泡在沁涼的溪水裡，小孩一點也不猶豫，抽出腳來試探水的深度，直到大哥開口請小孩排排站把手搭在前面的人的肩上，準備涉水過溪了。

或許沒有過這樣的經驗，每個小孩都走得小心，即便是平常喜歡搶快的孩子也都慢下來，重新為安全設立界線。一步一步往前，無形間建立對自己的信任和意志力，我常在想，教育的目的是逐步讓人相

1|2　1. 孩子一邊拉繩，一邊小心走險路　2. 太陽最大時，我們正要走進樹林

信「我做得到」，還是「我做不到」？影響這兩者間差別的原因是甚麼？是新課程、新教材還是新教法？我想關鍵點是讓孩子能「真實而自然地接觸世界」，這種主動的力量，在未來會撐起他們去追尋自我命定的道路。此刻，我心生感謝，謝謝大自然給了我們這麼豐富的學習養分。

靠自己成功挑戰艱難之路

走出沙丘，來到一片小沙灘，孩子們用木杖在沙地上寫下自己的名字，好似在為自己加油打氣，身體積累的脹痛感也隨孩子們丟出的石頭一併進了大海。稍稍休息後，我們準備前往此次最具有挑戰的路段——亂石崩崖區，在這裡我們練習專注，全神貫注於腳下崎嶇的地形，只要稍一不留神，小腿就是撞上岩石瘀青一塊，

攀爬過程必須全神貫注，腳邊就是懸崖峭壁

自然地平衡了用腦過渡的疲勞，也能發展缺少活動的身體。

緊接著是需要一邊拉繩一邊小心走的險路，眼看腳邊就是懸崖峭壁，非常緊張刺激，尤其下坡路又長又陡，趨近於垂直，B和K看了很害怕不敢下去，我跟凱老助教一人牽起一個，不斷對她們信心喊話，累了就以屁股著地的方式慢慢前進，所幸最後大家也都順利下來了。

回程走在鵝卵石灘上，大家差不多都累了，沒有說太多話，安靜地走著，當我們用身體的力量去平衡腳下凹凸不平的石頭，就不用一直低頭看路了。走完這一趟，很明顯看到團裡的小孩不一樣了。Y回來以後不再拿爸媽的事蹟跟其他人炫耀，改以分享自己挑戰的經歷；耘、澄、B和K則是多了靠自己的決心與力量，等不到公車時，走上二十多分鐘的路也覺得沒甚麼關係。我看著他們強健起來，真心覺得驕傲和高興。

・給老師的暖心建議

帶孩子們出發前的準備有兩項，主要是行程的完整規劃，以及為孩子安排適度的體能訓練，事前事項都準備好後，帶學團挑戰外宿活動就不用太擔心囉！

・先規劃大方向，再結合孩子想法：學團初期，主要由我找出能夠讓小孩進行自主探索、鍛鍊四肢意志力的景點，過濾一些包裝大於內容的地方，再跟孩子們做進一步介紹以及行程安排上的建議，當然也不排斥他們有自己的想法與非去不可的地方，若是想去的景點太多就用投票決定，確定景點以後再協助他們查資料、規劃行程、詳細路徑等。由於住宿點會直接影響旅費多寡，所以我大多是找民宿，希望不要讓父母負擔太大。

・平時要先安排適度的體能訓練：如果事先探勘就會知道阿塱壹步道有很多要攀爬的路段，所以我利用學團每週五外出的時間，帶小孩們去爬台北市近郊的步道，像軍艦岩、金面山、圓覺寺步道、南港山縱走親山步道等等，讓孩子們有機會練習手腳並用、攀爬岩石，以及習慣走長距離的路，若是中間遇到小孩出現不耐煩或厭惡的情緒，老師就需要適時引導孩子在大自然中發現樂趣（編唱山歌、觀察昆蟲、植物等），才不至於到了當地卻臨時喊著想回家。

嘉璐媽媽這麼說

學著放手、學會信任

讓孩子靠自己慢慢強大

這幾年有個拿來形容現代父母的詞很紅，叫做直升機父母，就是爸媽們像是直升機般，一直盤旋在孩子身邊，但我覺得現在有很多父母，不只像直升機，更像是空拍機，除了跟得緊，上面還有鏡頭，孩子走到哪盯到哪，片刻不離眼！為甚麼父母要這麼緊迫盯人？過度保護的背後，或許也隱藏著對孩子不夠信任，覺得孩子不會、不行、沒辦法，很直覺的反應就是要隨時掌握，隨時都要能出面幫孩子處理各種狀況。因為幾次的共學團外宿，我才赫然發現，自己居然也不自覺地成了把孩子看低的媽媽。

少了點驚豔的外宿活動

記得共學團的第一次外宿安排，是在剛成立的第一個學期，大學剛畢業的老師一號，

1. 第一次外宿，家長只同意到北投過一夜　2. 學團早期的外宿活動常常會去觀光工廠
3. 還未獨立運作時，多團聯合的營隊，很像我小時參加的救國團活動

帶著四個從來沒獨自在外過夜的小一學生，老師戒慎恐懼，家長們也提心吊膽。我們不敢放學團跑太遠、去太久，所以選定了搭捷運就能到的北投，如果有突發狀況，家長半小時內就能現身支援。他們師生週五中午放學後出發，週六中午過後家長就急呼呼去北投接回，透過這樣超迷你規模小旅行先試試水溫。我們想放風箏，但手還緊緊抓著風箏線，甚至不敢多放遠一些。相對於現在的外宿旅行規模，當年確實謹小慎微，不過對於這親、師、生的第一次，要練膽、累積經驗，畫出個安全範圍來嘗試，還是比較適當的。

學團早期的幾次外宿，感覺比較像是單純遊覽行程，跑一些特色鄉鎮，搭配觀光工廠的DIY活動；孩子們也曾經參加過和其他學團聯合外宿，老師、學生人數都多，會安排很多的團康活動和大通鋪的夜宿環境，很有我小時候參加的救國團營隊氛圍。在那幾次的外宿行程，孩子要去哪裡、玩甚麼，都是被安排好的，雖然能讓他們離家幾天學習自理生活，覺得挺不錯，但也說不上是甚麼讓我感覺驚豔的旅程。

掛念遠在古道的挑戰情況

直到那年暑假，妳帶著他們到屏東，走了阿塱壹古道的這一趟，那真是讓我對你們這群師生肅然起敬的一次旅行。印象中妳是在暑假前一個月，就帶著孩子們討論暑期旅遊計劃，開月會時妳還跟家長說，因為觀察這些孩子平常多走點路就唉唉叫，刻意想帶著他們到屏東走阿塱壹古道。這趟五天四夜的屏東小旅行，安排在七月的第三個禮拜，妳和助教凱老帶著分別要升小二和小四的五個孩子同行，其中最主要的阿塱壹古道行程，排定在第三天。

剛開始我從孩子口中聽到「阿塱壹古道」時，其實是一點概念也沒有，直到你們真要進行挑戰的那一天上午，才認真地上網 Google，赫然發現要走完這一趟其實很不簡單。這段古道橫亙台東南田和屏東旭海之間，是清廷在十九世紀末開闢的八條東西越嶺道路之一，全長八公里左右，是目前全台唯一尚未開發、沒有公路通過的原始海岸線，因為列入自然保留區，必須申請進入，還有專業解說員全程陪走導覽，一般腳程需要耗時四到六小時才能完成。

孩子們準備進入古道時，正是下午一點，我在台北內湖的辦公大樓，吹著冷氣開會，時不時望著窗外太陽炙熱，心裡非常掛念遠在墾丁的你們，得要頂著七月午後的陽光，在大部分都沒有遮蔭的海岸線，挑戰顛簸石頭路、攀爬陡坡，不知道能不能走得完。會有人放棄嗎？走不動了怎麼辦？中暑了怎麼辦？如果其中有一個孩子先發難想放棄，其他人會跟著附和？還是會彼此鼓勵打氣？各種擔心的念頭竄出，惴惴不安地坐在會議室，一直到下午三點多，Line群組裡收到妳傳來第一張照片，孩子們一個搭著一個的肩，成了一串正在渡河的美好畫面，再過一個半小時，妳又發訊：「最後四分之一，還沒有人崩潰，強！」最後在晚上六點出頭，再傳訊來通知全員平安達成，在台北的我也終於鬆了一口氣，花了五個多小時，真開心你們挑戰成功！

小一就開始背著書包爬山，孩子比我們想像得更強大

爬聖母山時，在山上臉都被吹歪了的合照

在不斷挑戰的過程中成長

播報完晚間新聞後，我一出攝影棚就迫不及待滑手機看照片，看到孩子們牽著繩索或上或下攀爬碎石泥坡、手腳並用爬走超陡的簡易木梯、走進雜草樹叢、還提鞋渡河、拄著漂流木當手杖穿越遍布大小礁岩的海岸，每張篳路藍縷、跋山涉水的照片，都讓我為你們感到驕傲。過程中，有孩子的小腿撞得烏青、有人的腳拐了，雖然路程難度高，但孩子們休息一下就能繼續穩穩往前，一路上沒有抱怨。這群嬌慣的都市小孩所展現出來的毅力和耐力，讓我真覺得意外。

走完了這趟，不只我們為孩子感到驕傲，孩子們自己也是成就感爆表。回到台北後，特別提到路上碰到的其他大人，看到居然有小孩子也來爬，是如何的對你們表達了驚訝與稱讚！我們還好好地把孩子帶回來的完成證明裱框起來，放在書架上最顯眼的地方。而在這趟阿望壹之旅後，接下來的寒假你們又在濕冷天候中爬完宜蘭聖母山莊，我在妳傳來大家在山上被風都吹歪臉卻還掛微笑的合照中，真實看到孩子就是在這樣的過程中慢慢強大起來。

我想，就是因為爸媽不在身邊吧！我總是在這樣的時候才發現，少了爹娘跟前顧後的伺候，其實孩子們能夠做到的，遠比我們、甚至他們自己知道的還多！常常，父母無微不至的照顧，卻剝奪了孩子自我探索的空間。放手，讓孩子有機會接手！

于瑄老師那樣說

暑期外宿：金門自助行

體驗一場在地文化之旅

以往的旅行都是由我先查好景點、路線，再看小孩是否有意願前往。行程的安排上，我不喜歡帶小孩去別人設計好的活動，好像小孩走進去是為了給他們宣傳，拍照、打卡完以後，再用強烈的視覺暗示要小孩繼續把口袋的錢掏出來，才不會忘記身在消費社會。

如果可以我會盡可能多安排親近自然的活動，少一點人的干擾，但是這樣想還是會有問題發生。記得一次帶小孩們去生態農場做金棗醋，原以為時間充裕會讓我們到後山摘金棗，沒想到金棗早已一籃籃準備好，我們只要把金棗拿去沖水、擦乾後加白醋即可，我不懂為甚麼如此簡單的事還要我們特地坐車過來，這還不打緊，解說員還嘲諷地說在瓶蓋上加塊客家花布可以多賣一百元，裝進禮盒賣六百，最後貼上商標賣九百元。不知道小孩有沒有聽懂，但我感覺很不舒服，錢被用來衡量一切價值了。除了生態農場，我

路邊與黃牛不期而遇

們也常去動物農場，為了可以更親近動物，我們要買飼料、胡蘿蔔、牧草餵食，但認真來說這活動其實也不是很「自然」，因此總有一股不甘心。

以故事引導孩子規劃行程

這次我參考朋友舉辦自助旅行的方式，自行安排行程、旅費自主，於是在找金門相關資料同時，我想到可以撰寫一個故事，以一名英年早逝的將軍，懷抱對故鄉的遺憾作為開頭。

小孩聽了故事後引起好奇心，問了我不少情境內的問題，像是邱良功將軍是怎麼死的？風獅爺的重要部位為甚麼是葫蘆形？為甚麼把痲瘋病人隔離在小島上？圍繞在生和死上的話題總是可以談很久，最後小孩竟然大發慈悲說要幫這位將軍的忙，可是要等到第二天才有空，因為第一天他們要盡情地在民宿耍廢。所有孩子異口同聲地說對！簡短有力，表達了他們的需求。

既然是需求，那得要滿足他們後才可能「回到自己作主」的機制，就像我們不會說我還要更多、再多吸一口氣，因為呼吸本來就是自主、自動的，但如果你一直處在「吸入活動」的狀態，像是聽課、寫功課等需要安靜專注的時刻，自然就想要有等量的呼出活動（遊戲時間）來伸展，那麼這五天自由行對小孩來說就會是很好的平衡。

尋找風獅爺，比賽開始！

印象很深刻的是，第四天我們本來要搭金門觀光公車尋找遍布各地的風獅爺，但想到這幾天光是等車、搭車、轉車再轉車就耗盡心力，現在有這樣一台車能直達目的，真是太好了！抓好時間後我們回到車站外，卻不見公車停在格子上，我焦急地上前詢問其他乘客車怎麼沒來，他們告訴我這班車僅限於假日行駛，還來不及感覺失落，眼前一輛公車D線緩緩進站，於是我轉頭問小孩還是我們改去榕園太湖參觀？小孩們說不要，還說我們來這裡就是要找風獅爺這種正經八百的話，很好！

此時，D小孩拿出了他在紀念品店買的風獅爺撲克牌，還找了一個風獅爺比較多的聚落，我們就上路了。車才剛離站，孩子們就決定好要分兩隊來比賽，看誰在時間內蒐集到最多張跟風獅爺的合照那隊就獲勝了，分組方式簡單，依照年齡由大到小S形來平

孩子們臨時起意的比賽，成為旅程最刺激好玩的一段

均分，我和Ｈ、Ｙ、澄、杰一組；凱老和言、耘、Ｄ、Ｂ、Ｋ一組。

小孩的戰鬥模式啟動後，一下就發現站牌的對面有一隻身著紅披風的北風獅爺，馬上來一張合照就各自散去了。後來我們聽坑道服務台的阿姨說，這隻風獅爺是為了要鎮住強勁的海風，而相對的南風獅爺則是為了「鎮水」，避免附近溪水暴漲淹沒家園。

我領著隊員們穿梭在紅磚瓦舍間，突然杰停下腳步，說看到了第三隻「鎮路」的風獅爺，最後一隻最難找的鑲在牆上小風獅爺是澄找到的，蒐集完了這四隻，大家都鬆了一口氣，鑽進小巷裡吹風，而風帶來了靈感，澄說：「不然我們來作弊！我包包裡有早上買的風獅爺紀念品，我們假裝合照就算一隻！」Ｙ聽了連忙說好！還補充說要把風獅爺放在高的地方供著才不會被發現作假！

我大笑，心想反正都找到四隻了，第五隻就用來娛樂大家，也沒甚麼不可以，於是貢獻我背包裡的泡芙餅乾當供品，沿途充滿我們的笑聲與歡樂。

感受反敗為勝的快樂

前往集合地點的路上，我們遇到凱老那一隊，想起他們剛剛故意給我們假情報引導我們走錯路，現在該給他們一點顏色瞧瞧了，我們虛張聲勢地說：「好累喔！這八隻真不好找。」實際上我們明明只有找到六隻！

他們一聽神色黯淡下來，小小聲地說他們只找到四隻！看來這局我們贏定了，就放心跟隊員們去超商吹涼吃冰，等待截止時間到來。回頭看他們不死心地往老街走去，我們在心中竊笑一下，早就先翻過

買紀念品殺價過程讓 Y 很有成就感

官方版的導覽手冊確認市區裡都沒有風獅爺，當初設立風獅爺的目的就是用來祈求免除沙壓風災之苦，所以風獅爺大多設在風頭處（村落外圍），難道他們是去找奇蹟嗎？

再返回來時每個人臉上光彩煥發，原來他們去問街上名產店的老闆附近是否有風獅爺，老闆告訴他們不遠處的節孝牌坊下就有八隻，附近的巷弄裡也還有一隻，他們聽了高興得簡直要跳起來，大聲直呼贏定了！他們竟然還加演一齣垂頭喪氣的戲碼，騙我們沒找到風獅爺。

好好體驗在地生活與文化

我們從一開始領先到落後另一隊七隻，落差實在太大，一時之間無法理解這個狀況，就跟他們要照片來看，確認他們是否真的找到這麼多隻風獅爺，其中一半的風獅爺外型、擺設位置跟我們認知的不一樣，說起來就是石獅子，究竟風獅爺跟石獅子兩者有甚麼不同或相同點呢？每個小孩都說出了自己的見解。

有人說是看風獅爺的身上是否有掛上披風、臉像獅子身體是人型、有顏色妝點、面前有祭品……還有人說只要當地人認定能保平安就是風獅爺。這些回答都彌足珍貴，是他們真真實實出去跟世界互動習得的，也難怪我們在手冊上找不到牌坊下那隻風獅爺界的獅王。

在過程中我看到孩子與當地人交流所帶來的滿足，使他們不再只是著眼於勝負輸

贏，當我們在彎彎曲曲巷弄裡找不到路時，在地人出來為我們指路；還有一次遇到一個老伯本來騎摩托車要出村了，隨即又轉頭帶我們去找，一群人奔跑追著摩托車，反倒是阿伯叫我們不要急、慢慢跑，相信這段經歷對他們來說會很難忘。

而自由行的終點，正是希望孩子在開放氛圍中體驗在地生活文化，一部望遠鏡即可眺望廈門風景，而徒手挖花蛤、遇見蜈蚣、咬勁十足的油條都成了感動被我們寫進回憶裡，常伴左右。

3 | 2 | 1
4

1. 老伯騎摩托車領路
2. 學團最後一次外宿，和夥伴們同吃同住都將寫進回憶裡
3. 孩子在沙灘上盡情玩耍
4. 在沙灘徒手挖花蛤，只要玩水一定樂不思蜀

嘉璐媽媽這麼說

童年點滴都是美好回憶

默契十足的學團孩子們

記得當時公布了暑假外宿旅行要去金門，我不自覺就「哇！」了，一種「果然你們沒有讓我失望」的感覺油然而生，這群小孩居然已經要自己坐飛機出去玩了！雖然金門行的艱困程度跟過去走阿塱壹古道或爬聖母山莊的行程相比，感覺沒有那麼「威」，但後來發現對孩子們來說，只要是大家在一起，就能自然迸發出很多梗，就算是沒這麼刻骨銘心的觀光客行程，孩子們也記憶深刻。

前幾周，我們有個機會約了幾家人一起出去玩，這當中也包含了兩家學伴家庭。用餐時我和孩子們坐一桌，點算一下這桌有六個都是團裡的孩子，在學團已經結束了兩個月後，我們不知怎麼地又開始了學團話題，孩子們七嘴八舌分享最多的就是這趟已經是十個月前的金門行。讓D印象最深刻的，就是他在民宿被蜈蚣咬，「超誇張的那個蜈蚣，

1|2　1. 和孩子們同坐一桌用餐，聊起了學團回憶　2. 外出時，你們有彼此互相照顧

那……麼大耶！」孩子們表情誇張地比劃著。我回應著：「這我知道了！你們那天晚上打電話回來就已經說過了！但是D啊，你那時候被蜈蚣咬很痛嗎？會麻嗎？阿姨沒有被咬過，不知道是甚麼感覺。」「還好啦！就是有點腫！瑄老有幫我冰敷。」小男生不以為意的回答，感覺有點帥！

專屬童年回憶點滴在心裡

話題一開，就有些停不住了。「我最喜歡買紀念品的時候了。」我家的Y說。這孩子總是很享受購物的過程，我一直覺得她長大可以去當採購。「我有看到你們買紀念品的照片。」我說。

「我要買的那個小風獅爺，那個阿姨本來要賣一百五，我就跟她殺價，後來好像是五十還七十就買到了！」Y看起來非常得意，我聽了則是大驚：「天啊！我都不敢這樣殺，下次出門都讓妳去幫我買了。」這些小販居然有這麼大的殺價空間，原來我平日在景點

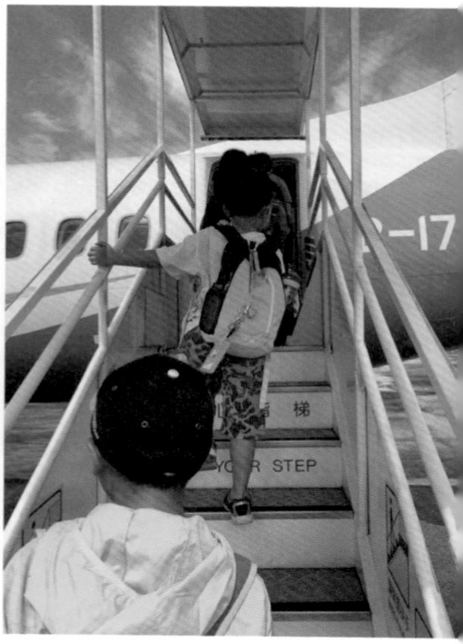

1|2　1. 我們一起玩過的公園　2. 第一次沒有父母陪伴的搭機

區買紀念品簡直是盤仔[1]啊！

我視線掃了一圈，看到餐桌上還坐著最晚加入學團、年紀最小的H，我問他：「你進團的時候，有趕上去金門玩嗎？」H點點頭。「哇！那時候你才剛剛入團就可以跟著坐飛機在外面五天四夜，很厲害耶！晚上會想家？跟媽媽視訊的時候有哭嗎？」「我都沒有哭！」從聲音聽得出來，H覺得自己很勇敢。「那你真的很棒耶！他們這些哥哥姊姊們好幾個第一次外宿都會哭。」我說。

「我有哭！」言馬上跳出來自招。

對話中，我發現自己實在很喜歡聽他們一起回憶分享學團點滴，於是試著多拋出些問題：「誰最愛哭？」「誰最皮？」「最喜歡的在學團做甚麼？」「那最不喜歡做的又是甚麼？」最後我問：「你們誰跟誰最會吵架？」桌上包含耘在內所有的孩子異口同聲的回答：

1｜2　1. 一起吃過的豆花　2. 一起共度生日

「XX耘和XX杰！」馬上，孩子們緊接著又同聲喊：「四點到五點！」我愣了一下，一時無法反應過來：「甚麼？甚麼四點到五點？」

忘了是哪個孩子趕緊幫我解釋：「他們兩個每次都是在這個時間吵啊！」臭小孩們彼此間的默契居然到這種程度，我噗哧笑了出來，耘自己也呵呵傻笑。

我想，孩子們現在應該還沒辦法體會，這些年來他們在學團裡，不論玩在一起或者曾經扭打，這些畫面都已經刻印在他們心裡，收納在腦海中某個專屬童年的資料庫。不久前我和國小同學的聚會上，大家邊聊邊笑到掉淚的，不也是從我們已經存放了超過三十年的童年資料庫裡調出來的點滴嗎？

1 台語發音直翻，被當成肥羊或凱子之意。

Chapter 04

共學團結束以後

學團告一段落後，
卻留下更深刻的回憶、更動人的學習軌跡，
這裡有家長撐起的學習空間與體諒，
有老師的用心引導與認真陪伴，
讓孩子們在遊戲與生活中，學到更多重要的事。

Y、K媽媽的真心話

曲終人散情猶在

享受共好共學的過程

共學團在運作了五年半後，因為半數孩子和共學老師先後轉進到實驗學校，完成階段性任務，在二〇二〇年寒假前跟著畫下休止符。學團成立之初，我家的Y才剛從幼兒園畢業，到現在都已經小五，時間過得飛快。作為領頭家長，回首這一路，關關難過關關過，點滴在心頭。

經歷風雨後的逐漸穩定

當初，因為極度不願意送孩子上安親班，雙薪家庭又有課後安置孩子的需求，所以積極地在孩子的幼兒園裡探詢家長意願、開說明會，順利湊足四人開始了這個共學團，沒想到開張大吉才一個學期，就有兩個家庭選擇退出，只留下我們和同為雙薪的另一個學伴家庭沒有退路，只能咬牙陪著新手老師熬過了長達一學期的磨合期，過程中有兩個孩子暴衝的拳打腳踢、家長懸著的一顆心、老師求好不得的眼淚，好不容易師生磨出默契也再補足了兩位學伴，學團狀況漸入佳境，只是穩定不到一年，老師就另有職涯規劃求去，我們又經歷一陣兵荒馬亂。

之後找來的接手老師，是位溫文有禮的大男生，卻鎮不住這幾個孩子，三個月就宣告「陣亡」，還好家長們都很體諒，面對學團又陷亂局大家都沒有棄守，一起商議處理，也很快就又面試了學團的第三位老師，皇天不負苦心人讓我們找到有學團助教經驗的瑄老，無縫接下我們這個失序邊緣的共學團，對我來說真是柳暗花明又一村的前景開朗。

學期間，瑄老帶著孩子們跑遍了台北市的特色公園，近郊登山步道也不知道走了多少，孩子們甚至在山上覓得專屬他們的祕密基地，有機會就想拉著爸媽一起上山可以炫耀展示一番。而寒暑假時，學團師生一起討論的外宿旅行，總是充滿挑戰，他們去恆春小鎮走了一趟盛夏中的阿塱壹古道、也曾經在淒風苦雨中登上宜蘭聖母山莊，最後一次的遠征，孩子們甚至吆喝吆喝著就坐飛機去金門了。

其實，我家大姊兩年前轉入實驗學校後，因為日常作息改變了，我好幾度想勸退她別進團了，但大姊卻反過來老是央求我跟學校請假，好讓她有個半天時間能跟著學團東奔西跑，我知道她是真心喜歡這個團，因為有歸屬感、安全感，大家在一起不管去哪裡、玩啥都好。

1｜2 1. 學團的孩子都是這樣切洋蔥的 2. 早期的小主人日，只敢讓他們煮麵煮水餃

在共學團這幾年得到的比預期更多

不再進團後，我也問了二姊K：「你們在團裡這麼多年，做了這麼多事，妳最喜歡的是甚麼？」「小主人日。」她不假思索的回答。

學團每個月會安排一天小主人日，孩子們輪流開放家庭當小主人，東道主還得要負責大家的午餐，學團早期我還不放心，都會一早就先用好放在爐上，讓他們回來後加熱就可以吃，後來放手讓孩子們可以下麵、下水餃，到最後只需留下食材，他們就能自己料理，最常出現的是咖哩飯和義大利麵，而我每次看到學團的孩子們戴著蛙鏡切洋蔥的照片，就覺得好笑！

畢竟，身邊絕大多數的雙薪家庭，都在孩子進入小學後不假思索或沒有選擇的直送安親班，有時也會有朋友好奇問我，到底在學團長大的孩子跟在安親班的孩子有甚麼不同？這問題偶爾我也想過，但別人沒有參加學團的經驗，我家的孩子則從沒進過安親班，老實說我真的不知道，如果當初她們也就跟著主流進了安親班，現在又會如何，但我記得有一次期中考後，K回家分享她安慰同學的對話，原來是因為同學拿到考卷，一看到分數就哭了，這成績讓他很害怕放學後去安親班會很慘，讓K深表同情，我想，孩子在她的世界裡，自己經歷了其中的不同。

學團結束後，我找了老師和幾個學伴家庭來家裡晚餐，家長們好奇地問：「哪個小孩最讓妳頭痛？」瑄老笑著說起某某某一度讓她氣到心臟都痛了，歡談間透露她這幾年付出了多少心力。五年多的時間，加入學團前後總計超過十個家庭、十五個孩子，還未列入暑假短暫加入兩週的營隊生，這段時間為了團裡的大小事我其實花了不少心思，但我很享受這個過程，看到團裡親師生一起共好，就覺得滿足。當時成立學團的初衷，就是希望孩子們有個豐富的課後時光，回頭翻開這書的首篇寫到，我期待孩子日後憶起她們的童年，會是多彩的！我想，應該是目標達成了！而超出預期的，則是身為家長的我，也因為這幾年的學團經驗，學到了很多很多，也更體會同村共養的美好。

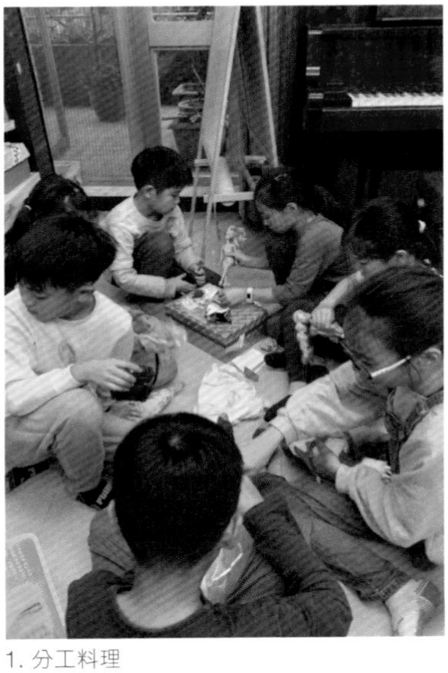

1. 分工料理
2. 自己煮的最好吃
3. 每個月都會有一次「小主人日」

耘、言爸的真心話

別叫魚去爬樹

放心支持孩子的無限潛力

教育的目的是甚麼？這是最近讓我日夜思考的一句話。很多答案並不難想到，像是教育的目的是讓我們分辨是非、學會思考、解決問題、貢獻社會等等。

有人形容制式教育就如同將每個形狀不同的孩子，全部塞進長的一樣的容器裡，並用一套標準規範去歸類每個獨一無二的孩子。可能有人會說我們也都是在這種教育體制下長大的，現在也一樣好好的，對吧？沒錯，我自己也是在所謂「制式教育」體系下長大，現在也是活得好好的。但孩子就應該這樣嗎？或說，就只有這個選項嗎？

學團裡逐漸成長的身影

因緣際遇下透過朋友的介紹，認識了「共學」體系，第一次聽到這個詞時腦中充滿

1｜2　1. 嘗試觸摸蛇　2. 大自然的沐浴下，挑戰手腳並用

了想像：是一種另類的安親班嗎？自學嗎？甚麼是共學？老實說剛踏進共學時完全沒有概念，只記得這個理念很好，而且我跟太太都不想讓孩子去安親班，因此也不知道哪來的勇氣，將孩子交給一群陌生人帶出去。

共學初期階段只能用「兵荒馬亂」來形容，孩子之間的相處，個性的不同、突發狀況、情緒處理，有一陣子甚至在想當初為甚麼不讓孩子去安親班就好了。幾年下來換了幾位老師，一直遇到孩子們口中稱的「瑄老」才讓我漸漸感到安心。安心並不是因為孩子們的行為變得所謂的「乖」，我也不認為「乖」是家長們應該對孩子有的期待；讓我們安心是因為老師帶著孩子們出去「體驗」的機會變多了，我不再擔心孩子腦子裡總是只有作業、功

1｜2　1. 享受登山攀爬的樂趣　2. 放膽讓孩子去試吧！

課、電視……。每週幾天回來都會聽孩子們嘰嘰喳喳說著今天又去了哪個步道、爬了哪座山、去了哪條溪、老街、古厝……聽著聽著感覺孩子們的眼界開了，膽子大了，也變得更有自信了。

學習放手讓孩子勇敢嘗試

更讓我覺得欣慰的是，瑄老的情緒管理可能比我們這些做父母的都穩定的多，讓孩子們漸漸認識自己的情緒，幾年下來我看到一群常常見面就吵的孩子們，開始懂得如何自己找出一些方法相處。透過幾次學期成果分享，也看到了孩子們在創意以及邏輯整理上，有了讓人不敢相信的進步，每次成果分享都讓爸媽們也玩得不亦樂乎。

「共學」，這個詞我覺得取得很好，

不只是孩子在學習，父母也在學習如何放手、引導，甚至老師也在學習如何與孩子、家長們相處。孩子們長大，共學也告了一個段落，看著電腦中「共學生活」的照片紀錄，跟孩子們一起成長的回憶又浮現在腦中……。

這幾年的共學經驗下來，我認為教育的目的就如愛因斯坦說：「假如你讓一條魚爬樹的話，牠會永遠相信自己是一個笨蛋。」過程中我看到孩子們獨特的個性，在這群孩子身上沒有「標準答案」，只有無限的想像、辯論，當然還有鬼靈精怪的嬉鬧。如果要我說身為父母最大的學習，大概就是「放膽讓孩子去試」吧！別讓自己的想像力限制了孩子的無限潛力。

澄媽的真心話

放學後的另一個好選擇

在學習之路互相扶持

會參加學團，一開始的初心是希望孩子的課後時間不是在狹小的安親班度過，而是能更多元化地在外探索。所以當哥哥升上小一時即找了學團，參加了說明會了解作業方式及費用，也與幾個想法相似的父母討論參團的可行性，只是哥哥不願意在父母都不在家時有陌生人來家裡，亦不願意到不熟悉的人家中進行團體活動。

嘗試了安親班近一年，最後選擇參加學校的課後留園，在做完功課後可以去操場打球，或與同學下棋也算是自由而安全的選擇。與哥哥相差兩歲的弟弟在小一時也一同與哥哥參加課後留園，直到學校班級群組裡有媽媽發問是否有人對學團有興趣，當下實在難掩興奮之情，立馬回覆訊息，並在很短的時間內約好與學團家長見面，了解當下學團運作情形，很快地就正式加入這個可愛又充滿溫情的大家庭了！

1. 連續三年的童玩節　2. 炎炎夏日玩水，玩得不亦樂乎　3. 扎實的假期安排，讓孩子們有一段難忘的回憶

豐富活動製造好多回憶

加入學團的三年又兩個月，時間一下就過去了，從一開始的三人小組，到因為即將升上高年級而退團前的八位學員，壯大了好多，能看見如此光景實在不是件容易的事。中間甚至還經歷了更換老師，幾個月內不斷面試新老師，也在學團略為成熟之際退出既有體制，改為自行運作，這一切都需要好大的機緣及每位家長們的投入與支持！每每看著他們出遊的照片，以及老師以文字記錄著他們解決紛爭的方式、有趣的對話總能會心一笑，也感受到每個孩子的成長及獨特！

透過老師的帶領，孩子們除了不下數次的攀爬金面山、軍艦岩外，美術館、海科館、連續三年的宜蘭童玩節、世運時去運動中心還有體育場觀看賽事，這些大大小小的展覽、特色公園……各處都有他們的足跡；而寒、暑假的扎實安排，除了在基地、市區活動外也安排了游泳、作文課，亦有三至五天的小旅行，從宜蘭、花蓮、台南、屏東甚至最後的金門行，離家距離愈來愈遠，孩子們從一開始有點擔心要與家人分開，到最後意猶未盡地想再多玩幾天，這些經驗帶給他們的不僅是學習如何規劃行程、與家人分開學習獨立的好機會，更是創造屬於他們美好回憶的時刻。相信孩子們都不會忘記在屏東阿塱壹古道時，豔陽下來回五個多小時，又是陡坡攀爬又是涉水的過程，沒有人有怨言只是踏實地一步步往目標前進，完成之際的成就感與快樂久久地刻在他們心中，而我們這些父母也深深地以他們這群小勇士為榮。

因緣分齊聚一堂、互相協助

由於學團活動基本上在晚上六點結束，接送時間對於雙薪家庭來說是個挑戰。記得剛入學團時弟弟僅是即將升上二年級的小男生，在最初的一段時間裡常常是由學伴家長協助接送回家裡，直到二年級下學期，弟弟開始自己從四面八方坐公車回家。當時我會不會擔心？其實一開始真的會，除了帶他一起坐公車練習外，也會跟老師確認離開時間後在公車站牌等他，漸漸地，他對於自己可以獨自搭捷運轉乘公車覺得很開心，因為不需要再回到基地等待接送，不過，偶爾爬山太累或下大雨，他還是會開口詢問是不是有人可以送他回家，學團的氛圍及其他家長的好，讓他可以開口請求幫忙，也一直是我心中很感謝的事！

因為緣分我們相聚在這個學團，因為有志一同的每一家人都是露營好手，每學期相約一次露營，不僅讓孩子有了一同學習成長的伴，家長們也多了可以一起露營及分享資訊的好朋友。感謝學團中每一分子不計較地熱情付出，還有多虧老師們用心帶領，豐富孩子們的視野也留下許多美好的回憶。

現在如果身邊的朋友詢問我對孩子課後的安排，我都會將學團的好，以及可能遇到的問題一一分享給他們，相信我，共學絕對是一個很好的課後選擇。

杰媽的真心話

彼此是最好的共學夥伴

相同理念建立好的學習空間

自幼父母給予我的教育方式，是多元自由的，他們提供我機會，讓我有探索認識自己的過程，選擇自己的人生。

給予小孩最好的課後安排

當我自己成為媽媽，因為兒子是家族的第一個孩子，大家總是特別關注，因為重視孩子的體能活動，我們還挑選了擁有戶外操場、甚至游泳池的幼兒園，提供多元課程內容讓孩子探索世界，並鼓勵孩子獨立動手實踐，這個時候的孩子每天都好快樂，有問不完的問題，以及渴望學習的心情，即便有回家作業也都主動自己完成，當時我好希望孩子可以一直保有學習的熱情。

但孩子上小學前，就已經聽聞大家討論上小學後的震撼教育。我其實是很樂觀的，雖然曾經希望可以多陪伴孩子，認識孩子，而去研究自學的可能性，但因為我們是雙薪家庭，實在是無法投入那麼多的時間與精神，因此最後選擇共學，讓孩子仍在體制內的小學學習。而課後參加共學團，雖然擁有安親班的功能，像是孩子放學有老師去接送，但不同的是，每個月的學習計劃都是由老師和孩子們一起討論、共同擬定的，於是孩子在放學後，不再只有完成功課，還常常去看當季的展覽、動手創造自己的玩具、各類運動、爬山、甚至完成拍攝自製小電影、設計桌遊、計劃大地等探索遊戲。這樣的共學活動在每個家長眼中，可真是最好的安排了！

理念相同才能支持彼此

還記得一開始找學伴時，是透過某個共學機構動態貼文，很快地就接到學團家長的電話邀約，再進一步碰面認識彼此。第一次見面就希望能多些了解彼此的家庭狀況，再對於價值觀、學習態度上的想法做交流。會面過後我和先生在車上笑聊著說：「剛剛的考試不曉得有沒有通過，感覺好嚴格。」現在回想起來，這還真是個必經且需要審慎的一個過程。

就像我們去找安親班、英文班一樣，一定都會先去了解學校的教學理念、方法，是不是家長可以接受、孩子會喜歡，總是要貨比三家才決定。共學也是一樣的，只是主導

加入學團開闊孩子視野

的對象換成是家長們，找了一個有共同教學理念的老師來執行，而家長們則需要確認大家理念相同，才不至於作法上有所牴觸。例如：若是覺得功課為首要的家長，可能不認同學團安排這麼多外出活動，而是期望小孩能寫更多的評量。

每隔一段時間，家長們也會和老師一起開會，討論孩子相處上的問題、在學校的狀況，像是誰又不想和誰玩、誰又排擠誰、是否能夠專心地獨立完成作業等相關的問題，整理問題後再來規劃孩子的學習目標。每次參與聚會我都很感恩，也很感謝過程中有這群家長們的支持以及鼓勵，有這樣的機緣認識大家，讓這條學習為人父母的道路不孤獨。

家長與孩子一起共學共好

但這幾年在學團裡也曾遇到理念不合的家長，互動後才發現價值觀的認知差距，對學團運作會帶來蠻大的困擾，這才了解第一次家長彼此的會面為何要這麼鉅細靡遺了。

第一次與對方家長會面時是約在某個下午的美食街，他們都是高薪、高知識背景。而當時小三的兒子因為剛打完球，肚子餓想買東西吃，我讓他拿了錢去買想吃的東西，對方孩子也說肚子餓，我不假思索地就問他要不要和兒子一起去買，沒想到引來對方父親嚴厲的訓斥：「沒有大人，不可以自己去買東西！」當下我有點吃驚，但也可能是我自己太放心了，所以也就沒太放在心上。不過這樣的想法差距，在對方正式加入學團後不久就更加凸顯，對方因為對於「孩子外出」劃出的安全範圍和其他家庭不同，還表示只要外出活動時，只有一個老師要帶超過六個孩子，他們家的孩子就不參加，在學團中成了突兀的存在，不過，他們最後也很快就離開學團了。

「共學不代表不管」，這是我自己的省思，也因為雙薪家長回到家後真的需要休息，所以在共學過程裡，其實是讓我學習怎麼當媽媽的時候，除了了解如何引導孩子情緒，也更了解家庭教育應該更專注在責任、習慣、品行的養成，我也更體悟共學的真義。這些讓我獲益匪淺的學習，都是為了能開闊孩子視野、為孩子找到共同成長的學伴。

孩子準備上小五，因為學團好幾位孩子轉唸實驗小學，讓我們也一度動心，並實際拜訪了實驗學校，雖然佩服辦學者對孩子學習的用心，但是最終孩子還是決定留在原公立學校。他告訴我：「媽媽或許我時間掌控得不是很好，但我盡量管理自己的時間，所以就算是唸公立學校，我們還是可以一起做計劃去學、去看啊！這樣妳壓力也不會這麼大了。」聽了這些話讓我很欣慰，但也讓我萌生找下個階段一起當共學學伴的想法了。

D、H媽的真心話

從安親班走向共學團

抱持好奇心與小孩一起前行

我家哥哥讀大班時，我就一直在尋找哪種課後安親比較好，是學校的課後班？還是坊間的安親補習班？因為工作忙碌，希望找一個結合美語與安親課輔的課後班，幫我看顧孩子到晚上，回家後我只要簡單看一下聯絡本，簽上家長名即可。也因為這樣，哥哥在小一時我選擇安排他在連鎖安親美語班。

過於忙碌的安親班生活

一開始，我真的覺得安親班很好！因為從哥哥升小一前的暑假，安親班就開始上正音、數學、英文，為升小一做先修預備，我覺得很放心又輕鬆省事。當時哥哥的配合度也還算高，學習態度是有熱情的，畢竟一切都新鮮。安親老師常給我的觀念和溝通就是孩子在起步基礎要打好，習慣要養好，不然三年級以後就難改難追了。所以每次期中、期末考前兩週，安親班老師都會加碼送課程，考前的週六早上九點到十二點為孩子們複習，寫一張一張的評量，用心良苦幫助孩子熟悉題型。我心裡還歡呼說：「有人幫我加強溫習，真好啊！」

哥哥小學一年級時，我們就過著這樣的安親班生活，直到進入了小二，漸漸地我意識到，哥哥好忙喔！每週一到五都待在安親班超過晚上六點，在小小的教室空間，重覆過著寫功課、上英文、寫評量卷的生活，回到家吃個晚飯洗個澡又接近睡覺時間了。雖然安親美語班讓我「一次購足」，但童年只有一次，我希望孩子有豐富多元、探索自我的快樂童年啊！

享受更自由自主的課後童年

就在哥哥要進入二下時，透過哥哥班上家長的邀請，我選擇加入共學團。雖然心儀共學團理念，滿懷期待地進入，但學團不以課業為首，考前不複習，我便開始產生壓力和不安。進入學團初期，哥哥像解禁後一樣釋放，每天玩得很開心，沒有人盯作業、複習課業後，他的作業表現沒有以前工整，考試成績是一落再落，嚇得我心慌，但透過與學團家長的經驗交流，並與學團老師溝通，決定用更多的耐心和好奇，觀察哥哥的成長變化，引導他考前可以自主加強溫習，有準備就有信心作答。慢慢地分數上來了，不再只是直落，於是我就此讓哥哥不再趕進度，讓他好好地享受美好的童年時光。加入學團後，不只是孩子能有更多元的經驗，學團中家長的互助和彼此家庭的感情交流，也是安親班沒有機會建立的，我想這個無價的體驗，也是我和孩子們寶貴的學習和禮物。

至於孩子的看法是甚麼呢？哥哥參加學團的時間是二下和三上，弟弟則只有一年級上學期，雖然參與的時間不長，但他們還是有些特別的感受。哥哥覺得共學與安親最大的不同就是「自由」，想去哪或者想做甚麼，都可以拿出來跟老師和同學們討論，也能有機會做主、當小主人，像是迎接老師、同學們來家裡做客，自己開伙，動手洗、切、煮菜，覺得自己像個「小大人」；相較於過去在安親班，就是寫功課、評量還有練字，一直寫、不斷寫，每天做的事差不多，使得哥哥還需要大量的戶外活動時間和空間放鬆，但在安親班幾乎沒有接觸這樣活動的機會。

給孩子更豐富的成長養分

至於弟弟喜歡共學則是因為可以常常在外面探索、走進大自然，在基地手作這項活動也很喜歡。弟弟雖然只在學團待了短短一個學期，但他有跟上大家一起搭飛機去金門旅行。沒有媽媽在旁邊，不論是吃飯、用錢還是去哪玩，都得和哥哥姊姊們一起討論決定，行李也要自己提，我問他覺得很麻煩嗎？弟弟說能自己決定很好！他喜歡！

1. 在安親班沒有的多元體驗　2. 哥哥喜歡學團裡甚麼事都能彼此討論　3. 弟弟喜歡在外四處探索

短短時間在共學團裡，孩子們彼此更加地合作，一群有共同價值觀的家長們也互相幫助，實現同村共養的共好！只是很可惜，在我們家熟悉、喜愛了共學模式後，學團就要結束了。但經歷這個過程後，讓我重新檢視自己對於教育的期待，也發現在體制內的教學方式不適合哥哥，因為到了三年級後，哥哥對於學習的興趣愈來愈冷淡了，最後經過了解和評估，選擇延續共學理念，讓哥哥在三下轉進實驗小學，希望能培養孩子自主學習和成果展現。

身為母親，我期待給孩子們足夠而豐富的成長養分，因為豐富多采的童年，無價！一路上的各種改變，雖然總有著不確定，但我心中有滿足和亮光的期待，就帶著好奇的心跟著孩子們一起向前行吧！

玉媽的真心話

太平洋彼端的學伴

文化交流成了珍貴的回憶

很遺憾聽到學團要結束的消息。非常喜歡學團的運作方式及教育理念，特別是兩個孩子都好喜歡學團的活動。沒有參加學團之前，每年六月從美國回台灣過暑假，天氣太熱總是和孩子窩在室內看電視吹冷氣，回台灣一趟，大人小孩都圓了一圈。三年前，我感覺這樣的回台訪親之旅好像有點萎靡，不能留下些甚麼，而且孩子成天跟大人窩在一起，我的時間都被綁得死死的。

於是我打算安排孩子結交年齡相仿的朋友，讓她們真正實地去感受台灣文化。六月份回台，剛好台灣的學校還沒放暑假，可以去寄讀幾週；放學之後，要送到哪裡去，就變成比較頭痛的事了。一般坊間的安親班充滿作業和考試，感覺兩個美國來的不知天高地厚的孩子會適應不良。很幸運透過表姊介紹，能夠參與學團跟其他孩子做文化交流。

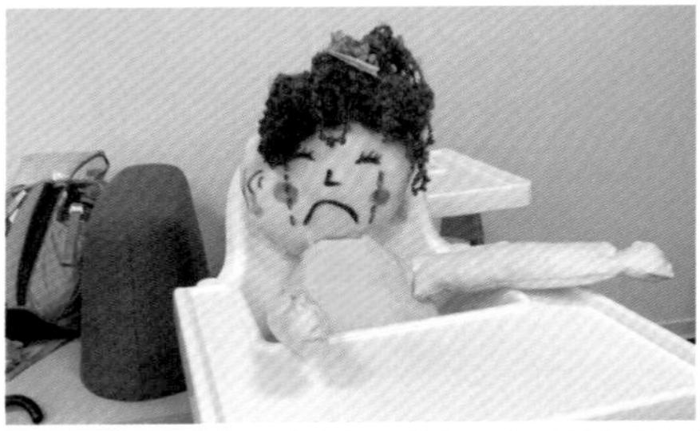

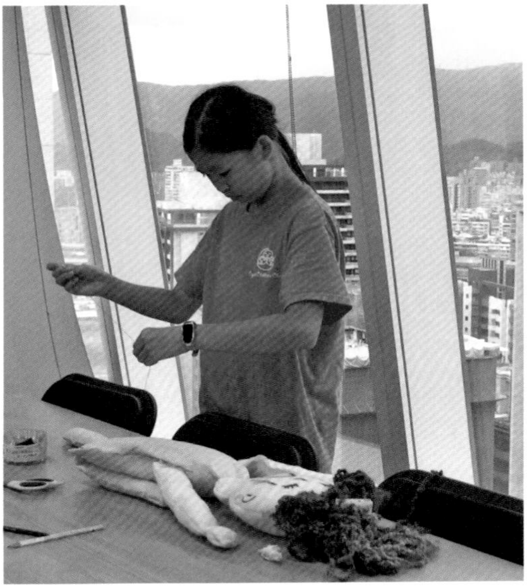

1. 在安親班沒有的多元體驗　2. 娃娃看起來很有趣又很奇怪　3. 孩子最有印象的是做了布娃娃

很幸運地，有兩年的機會能夠加入學團幾個禮拜。這對孩子來說，是非常珍貴的回憶。學團有好多「做中學」的活動，讓我的孩子能夠體會到截然不同的新想法。即使她們的中文程度較差，但是一點也沒有被差別待遇，每次從學團回來坐捷運的路上，她們總是不停地嘰嘰喳喳，告訴我在學團發生的事情。每一年回到美國後，她們都更期待下一次在台灣，能夠繼續跟學團的朋友在一起。在學團裡和小朋友打鬧、鬥嘴，也變成了特別有意思的事情。

來學團接觸更多新鮮事物

去游泳、打羽球、做娃娃、做印章、玩桌遊、學樂高等活動，還有許多外出的機會，這些多采多姿的活動，讓孩子每天

都非常期待去學團。這一次聽到學團要結束的消息，她們也覺得好可惜，還花了一個週末的時間告訴我，對學團回憶的點點滴滴。在回顧過往照片的時候，許多的回憶就又重現了！姊姊雖然由於中文不太熟悉的關係，不是每一個人的名字都能夠記得，但卻記得所有人的臉。她特別有印象去年六月做了一個布娃娃，縫上了四肢，用筆添加了五官，最後娃娃看起來很有趣卻又很奇怪，她也從中得到了非常大的成就感，還自我安慰說雖然有點失敗，但很佩服自己這麼努力。

妹妹則記得很多和小朋友鬥嘴的往事，無形中也因為需要強迫使用中文，而變流利了。有一次，姊姊和小朋友們分享洋芋片時，妹妹吃著吃著就掉地上了，一個小男孩馬上撿起來放到嘴巴裡。妹妹告訴那個男孩：「這片有我的口水喔！」男孩馬上誇張地做了一個要吐的表情。回來後，妹妹還說：「那男孩該不會對我有意思吧？」這種奇思妙想，真讓我忍俊不禁。

孩子都特別喜歡瑄瑄老師，她們回憶起在寶藏巖

尋寶的一點一滴，就重新浮起笑顏；去摩斯或超商覓食的情景，也值得她們興奮地說個不停；每年回台灣的時候，都迫不及待見到學團的小伙伴，學伴說她們中文不行，她們就反擊說小伙伴的英文也不行，完全沒把這調侃當回事；找字剪下來作詩，製作昆蟲標本，這一切的一切都變成了孩子最珍貴的回憶。我很慶幸當初的選擇，對孩子來說，待在學團的時間裡，能切身體會平時在美國接觸不到的事物，真的非常有意義。

4|3|2|1
1. 學團的點點滴滴，都是美好回憶
2. 做甚麼事都有彼此
3. 與學團伙伴一起動手做
4. 多采多姿的活動讓孩子每天都期待進團

于瑄老師的真心話

從小孩身上長出來的立體感

不受限制才能保有敏銳度

當我接手這群小孩時，就暗自期許要創造一個空間，盡可能用溫柔包覆他們，讓他們「安心」在裡面玩和學，不用擔心玩不到、學不好。實現這樣美好的先決條件還要有穩定的界線、理智的態度，為甚麼這麼說？當我們給孩子自由探索的空間，小孩就會自發地說出他們想玩的遊戲。

我曾帶他們去寶藏巖看展覽，才剛進去不久，小孩就「接上天線」說想在這裡玩躲貓貓，我心想要是你們在這彎來彎去的小巷裡迷路了怎麼辦？我掙扎很久還想說服他們先看完展覽再去，以拖延一些時間，但是忽然之間有個想法閃過腦際：在這裡玩躲貓貓好像真的蠻好玩的？於是，抗拒的心轉為支持，並且坦然把我擔憂的事說給他們聽，再一起想出比較安全的玩法：以兩人為單位成一組，不管有沒有被抓到，十五分鐘後都要定點集合。期間我跟著孩子們跑上跑下，闖進防空洞還「順便」看完展覽，我感謝孩子讓我明白不執著一種到達的方式，自由開放的過程也造就了他們有彈性地面對困難，我深深相信這個能力，將是未來他們成長過程中最棒的禮物。

另個驚喜的發現是這群孩子很能觀察人和環境，也就比較不會讓自己進入危險區域。回頭想想，灌輸小孩「守好規矩」後，「某一天」就要讓他們自己知道危險是甚麼、在哪裡，這對我來說根本在賭，賭他能自己看懂背後有危險卻能突然替自己想辦法脱困；但我也遇過一、兩對不這麼認同的父母，他們總是用力幫小孩杜絕任何危險，比方說前一天先場勘我們要去的公園，當他們看到有不良少年出沒、地上有煙蒂，就斷定這個公園不宜再去，小孩失去了對危險感知的能力，以及練習判斷的機會，日後要是真的遇上壞人就得祈求父母都在身後。

我本來就覺得小孩天生就有直覺，他們知道危險在哪，有幾次就是孩子來告訴我路人在側拍他們玩耍的樣子，或是哪個角落出現奇怪的人事物，能有這樣的敏鋭度正是因為不受框架侷限，長出了自己的立體感，慢慢成了一個完整的人，不管到哪裡都可以安然自在。

這群孩子很能觀察自然和環境

老師一號Panda的真心話

當共學老師的日子

學團經驗都是未來教養的榜樣

二〇一四年的七月，走在英國Alston主要的三岔路上，手上只有一份事先查好的社會企業名單，我在這裡做甚麼？答案跟每個熱血的年輕人一樣，我想看一看這個世界，想要為這個世界做點甚麼。我試圖去理解這偏遠的小鎮有甚麼樣的魔力，讓鎮上的人們即使到了白髮蒼蒼的九十歲，依然起勁地想為鎮上做些什麼。

成為正式的帶團老師

活久了，很容易將一切視為理所當然，是甚麼讓他們能抱持這樣的熱忱去做改變？我想是日積月累的生活養成的價值觀，這也讓我想起為甚麼想唸公衛系。

國中時的班導師是健康教育老師，他總是很認真地備課、不強灌學生知識，而是用

和家長孩子們一起露營

生活化的方式引導我們去理解，甚至跟我們一起學習生活息息相關的一切大小事。在我們基測的時候，班導總是不吝於陪著我們一起去請教其他老師問題、找出答案，他跟我們一樣是有求知慾的，這一點跟大部分老師完全不同。

二〇一五年初，看著信箱裡的那封徵才信，讓我想起在Alston的時光，也想起班導，憑著這股信念，通過層層關卡的教師甄試，我終於成為正式能帶團的老師。想起在跟家長們面試時，因為我沒有長期帶小孩的經驗，也不是相關科系畢業，我能做的就是認真回答面試問題，訴說我所有的想法跟價值觀。走出會議室，看著其他兩位面試者都比我更有照顧孩子的經驗，老實說我很氣餒，本來正想著沒希望了，卻意外得知自己獲得這份工作，真的很感謝家長願意給我機會。

這段時間的經歷將成為我跟先生未來教養小孩的榜樣

學團的經歷也成了養分

從小到大，我在大人的眼裡是個所謂的「乖小孩」，從沒料想到接下學團後，這反而成為我帶團的「阻礙」，我常常無法馬上理解孩子的一些行為或反應，讓我在帶團的初期一直在跟孩子磨合、調整。除了詢問其他老師的意見，家長們也時常在我不知所措時提供許多建議。不過在調整過程中的某一天，我們正要做學期檢討時，突然有家長直接說要退團，學團頓時變成只剩兩個學生，當天突如其來的衝擊讓我潸然淚下，一方面也感謝還是有願意相信我的家長，甚至還特地到我家附近約我出來聊，告訴我要好好想一想自己的初衷，真的非常暖心。

日後孩子們的表現，也時常讓我感到溫馨，有一次在帶小孩做降落傘，請他們畫上自己喜歡的圖案，孩子們突然開始爭先恐後地告白：「我愛你。」他們愛這個甚麼都做不好的我嗎？

感謝家長的信任跟依賴，讓我想通我一定曾經帶給他們甚麼，我不是甚麼都做不好，只是我要做得更好！而從學團只剩下兩個學生開始，我好像才開始比較知道自己該做甚麼；也因為人數少，我可以更專注地去觀察跟引導孩子，讓自己在過程中慢慢地進步。後來也陸續有新的家長與學生加入，最後的人數來到了六位學生。

帶團一年多後，因為協會制度的轉變，開始要做選擇，我覺得很掙扎，雖然家長說都會支持，但仍舊覺得自己無法勝任這份壓力，於是最後卸下了老師的身分，回到本科公衛領域發展。這一年多的時間，看到學團裡的每位家長都很棒，在做人處事上真的教會我很多，甚至時常提供協助及方法；在生活中也會訓練孩子學著獨立自主，不會有家長說一套，老師是一套的情形，讓孩子無所適從。現在我也結婚了，這段時間的經歷將成為我跟先生未來教養小孩的榜樣。

凱老助教的真心話

我們用心玩，學更多

給予孩子軟性的成長空間

許多人好奇甚麼是共學團，也總是會疑惑共學團的老師要教學生甚麼？但是與其說是老師教學生甚麼，不如說是老師陪伴學生一起玩，因為學生數量只有四到六個人，讓我們可以更仔細地觀察到每個孩子的不同與需求，可以更針對孩子去安排及設計活動，因此，我們邊玩也能邊學。

學團做的就是各式各樣地玩，沒有坐在教室裡看著老師上對下上課，也當然沒有考試測驗，孩子的智育成績自然也不會因為加入學團而有明顯進步。或許有些家長會緊張這樣一直玩，小孩成績不好該怎麼辦？之前在別的學團也聽過，有的家長要承擔整個家族的反對聲讓孩子留在學團，雖然她努力想幫小孩撐出一個空間，但孩子的變化起伏不見得可以一直是正向的，這些改變更可能根本難以衡量，所以有時也讓她壓力大到流淚。

金門古厝前討論要怎麼分房，軟性能力的進步很難衡量

成績的進步很好衡量，數字名次就擺在那，軟性能力的進步卻很難衡量。但軟性能力難道比成績不重要嗎？在AI時代，這不就是人類最重要的能力了嗎？有次跟諮商師朋友聊天講到工作的趣事，朋友笑說：「你們這樣很好耶，如果他們在小學時就學會這些，長大就不用花一小時兩到三千元來諮商了。」

孩子的成長皆有目共睹

與孩子相處的這一年多來，看到孩子們的許多變化，有的孩子是漸進式的，每星期都可以覺得他又成長了一點點；有些孩子則是跳躍式的，他可能卡在同一個地方很久了，但有一天他就突然學會了。

像是平時都很大方很照顧人的耘，受挫時反射的反應卻是動手推人或打別人，

和家長、孩子們一起玩，也一起學得很愉快

每個靠近、關心他的人都被他斥罵走開，到後期他已可以沉靜地說：「我要自己一個人。」並找個自己舒適的空間待一陣子，情緒平復後回來繼續跟大家玩。言剛進團時總是緊緊地依賴另一個孩子，為了跟喜歡的朋友一樣，連自己喜歡的糖果口味都可以從草莓變成檸檬，到後來看到他可以怡然自得一個人或是跟別人玩在一起，不委屈自己從容地面對人際關係是超大的進步啊！我也忘不了我們小旅行時在金門街頭，孩子們跟我們聊起香港反送中事件，小學二年級的K看到警察打人的影片，連講了好幾聲，還氣到站起來：「他們在做甚麼！太過分了吧！」這樣溫暖關心別人的小孩，當他的感受不漠然，所有學習到的工具也才會是有價值的啊！

變化與成果，用心就看得見

我們每個學期都會訂一個學期計劃，因為孩子們很喜歡玩桌遊，其中一學期的計劃居然是從頭到尾設計一款桌遊。當時我好懷疑大家真的做得到嗎？但瑄老（于瑄老師）一副天塌下來我頂著，即使一開始她也不是很有把握最後計劃會走到哪裡，所以在這過程中的我們每週都很忐忑。但她對孩子倒是蠻有信心地說：「我覺得他們應該可以。」事實證明我們真的完成了一款成熟度蠻高的桌遊，而且除了架構及引導是老師做的，其他概念、細節內容，以及著手完成的成品都是孩子們自己的。

還記得美國那位四歲創業，十歲拿到十萬美元的蜜蜂檸檬水的創業家小女孩嗎？如果這是你的孩子，你會相信他、支持他，還是說他好天真，還是快去念書吧？大人除了不打壓孩子，我們還要比他們先相信他們做得到啊！

另一件印象深刻的是家長的支持。我們平時學團時間會有記錄的照片，但不見得會有照片說明。有一次學期計劃發表日時，聽到家長說：「喔！原來之前那些照片是在做這個的啊！」才發現原來你們都不知道我們到底在做甚麼，過程中卻也都沒問、沒質疑地給了我們好大的空間去嘗試。家長給我們的這個大空間不僅僅是過程，也包含結果，他們也接受不一定有一個世俗認定的「成功」結果。如果不是這樣，老師也只能做更保守、更能確保一定有結果的計劃，那麼我們就也只是加入扼殺孩子創意及能力的行列而已。所以很謝謝家長們平時用心體會、參與孩子們的學習及變化，這些成長不像成績可以一目瞭然，謝謝你們都看得見，給我們肯定及高度配合。

這一年多來，我們跟孩子們、家長們一起玩，也一起學得很愉快。謝謝孩子們給我這麼快樂的一年。

共學，共好

夏嘉璐的親師協力教養主張

作　　者　夏嘉璐、黃于瑄
封面攝影　尤能傑
編　　輯　吳雅芳
校　　對　吳雅芳、洪瑋其
　　　　　夏嘉璐、黃于瑄
美術設計　劉庭安

發 行 人　程顯灝
總 編 輯　呂增娣
主　　編　徐詩淵
編　　輯　吳雅芳、簡語謙
美術主編　劉錦堂
美術編輯　吳靖玟、劉庭安
行銷總監　呂增慧
資深行銷　吳孟蓉
行銷企劃　羅詠馨
發 行 部　侯莉莉
財 務 部　許麗娟、陳美齡
印　　務　許丁財

出 版 者　四塊玉文創有限公司

總 代 理　三友圖書有限公司
地　　址　106台北市安和路二段二一三號四樓
電　　話　（02）2377-4155
傳　　真　（02）2377-4355
E-mail　service@sanyau.com.tw
郵政劃撥　05844889 三友圖書有限公司

總 經 銷　大和書報圖書股份有限公司
地　　址　新北市新莊區五工五路二號
電　　話　（02）8990-2588
傳　　真　（02）2299-7900

製版印刷　卡樂彩色製版印刷有限公司

初　　版　二〇二〇年六月
定　　價　新台幣三六〇元
ＩＳＢＮ　978-986-5510-19-0（平裝）

◎版權所有．翻印必究
書若有破損缺頁　請寄回本社更換

國家圖書館出版品預行編目(CIP)資料

共學，共好：夏嘉璐的親師協力教養主張 / 夏嘉璐,黃于瑄作. -- 初版. -- 臺北市：四塊玉文創, 2020.06

面；　公分

ISBN 978-986-5510-19-0（平裝）

1.親職教育 2.親子關係

528.2　　　　109005454

http://www.ju-zi.com.tw
三友圖書
友直 友諒 友多聞

地址：　　　縣/市　　　鄉/鎮/市/區　　　路/街

段　　　巷　　　弄　　　號　　　樓

廣　告　回　函
台北郵局登記證
台北廣字第2780 號

SANYAU

三友圖書有限公司 收

SANYAU PUBLISHING CO., LTD.

106　台北市安和路2段213號4樓

SANYAU
三友圖書
讀書俱樂部

「填妥本回函，寄回本社」，
即可免費獲得好好刊。

\ 粉絲招募歡迎加入 /

臉書／痞客邦搜尋

「四塊玉文創／橘子文化／食為天文創
三友圖書——微胖男女編輯社」

加入將優先得到出版社提供的相關
優惠、新書活動等好康訊息。

親愛的讀者：

感謝您購買《共學，共好：夏嘉璐的親師協力教養主張》一書，為感謝您對本書的支持與愛護，只要填妥本回函，並寄回本社，即可成為三友圖書會員，將定期提供新書資訊及各種優惠給您。

姓名 ______________ 出生年月日 ______________

電話 ______________ E-mail ______________

通訊地址 ______________

臉書帳號 ______________

部落格名稱 ______________

1 年齡

□18歲以下 □19歲～25歲 □26歲～35歲 □36歲～45歲 □46歲～55歲
□56歲～65歲 □66歲～75歲 □76歲～85歲 □86歲以上

2 職業

□軍公教 □工 □商 □自由業 □服務業 □農林漁牧業 □家管 □學生
□其他 ______________

3 您從何處購得本書？

□博客來 □金石堂網書 □讀冊 □誠品網書 □其他 ______________
□實體書店 ______________

4 您從何處得知本書？

□博客來 □金石堂網書 □讀冊 □誠品網書 □其他 ______________
□實體書店 ______________ □FB（四塊玉文創／橘子文化／食為天文創 三友圖書——微胖男女編輯社）
□好好刊（雙月刊） □朋友推薦 □廣播媒體

5 您購買本書的因素有哪些？（可複選）

□作者 □內容 □圖片 □版面編排 □其他 ______________

6 您覺得本書的封面設計如何？

□非常滿意 □滿意 □普通 □很差 □其他 ______________

7 非常感謝您購買此書，您還對哪些主題有興趣？（可複選）

□中西食譜 □點心烘焙 □飲品類 □旅遊 □養生保健 □瘦身美妝 □手作 □寵物
□商業理財 □心靈療癒 □小說 □其他 ______________

8 您每個月的購書預算為多少金額？

□1,000元以下 □1,001～2,000元 □2,001～3,000元 □3,001～4,000元
□4,001～5,000元 □5,001元以上

9 若出版的書籍搭配贈品活動，您比較喜歡哪一類型的贈品？（可選2種）

□食品調味類 □鍋具類 □家電用品類 □書籍類 □生活用品類 □DIY手作類
□交通票券類 □展演活動票券類 □其他 ______________

10 您認為本書尚需改進之處？以及對我們的意見？

____

感謝您的填寫，

您寶貴的建議是我們進步的動力！

【黏貼處】對折後寄回，謝謝。

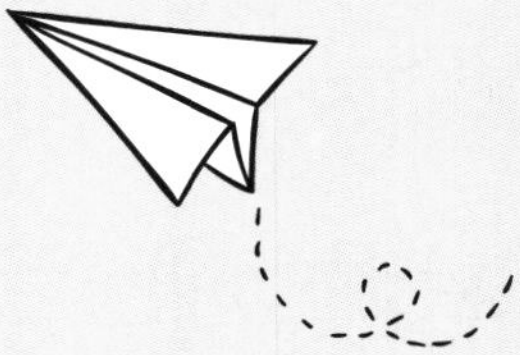